ANNIE LECLERC

Parole de femme

BERNARD GRASSET

PARIS

Au début ça n'a l'air de rien, on pousse une porte. Un escalier; on monte. Une autre porte; on pousse encore. Et on continue d'avancer, comme ça, sans vraiment se rendre compte, tout juste étonné de ce qui se présente.

Un jour, on se retourne. Et soudain on ne reconnaît plus rien. Les choses semblent toujours à la même place, mais tout a changé de visage.

Là où était la lumière s'étend l'ombre, incertitude et faiblesse.

Ici, dans les anciennes plaines de l'obscurité et de l'humiliation, une jeune lumière, impitoyable, accède à l'évidence.

Et le sublime vous démange de rire.

Comme il m'est difficile de parler. C'est une parole si neuve que je désire que mes doigts se tordent et se serrent. Ils sont drôles mes doigts; on dirait qu'ils pétrissent la glaise de mon désir pour en faire de petits bonshommes de mots tout neufs.

Rien n'existe qui ne soit le fait de l'homme,

ni pensée, ni parole, ni mot. Rien n'existe encore qui ne soit le fait de l'homme; pas même moi. Surtout pas moi.

Tout est à inventer. Les choses de l'homme ne sont pas seulement bêtes, mensongères et oppressives. Elles sont tristes surtout, tristes à en mourir d'ennui et de désespoir.

Inventer une parole de femme. Mais pas de femme comme il est dit dans la parole de l'homme; car celle-là peut bien se fâcher, elle répète.

Toute femme qui veut tenir un discours qui lui soit propre ne peut se dérober à cette urgence extraordinaire : inventer la femme.

C'est une folie, j'en conviens. Mais c'est la seule raison qui me reste.

Qui parle ici? Qui a jamais parlé? Assourdissant tumulte des grandes voix; pas une n'est de femme. Je n'ai pas oublié le nom des grands parleurs. Platon et Aristote et Montaigne, et Marx et Freud et Nietzsche... Je les connais pour avoir vécu parmi eux et seulement parmi eux. Ces plus fortes voix sont aussi celles qui m'ont le plus réduite au silence. Ce sont ces superbes parleurs qui mieux que tout autre m'ont forcée à me taire.

Qui parle dans les gros livres sages des bibliothèques? Qui parle au Capitole? Qui parle au temple? Qui parle à la tribune et qui parle dans les lois?

Les hommes ont la parole. Les paroles des hommes ont l'air de se faire la guerre. C'est pour faire oublier qu'elles disent toutes la même chose : notre parole d'homme décide.

Le monde est la parole de l'homme. L'homme est la parole du monde.

Franche est notre langue. Ici, pas de subtilités inutiles, de précautions oiseuses, de déférence. Pas de *vir* et d'*homo*, pas de *Mann* et de *Mensch*. Homme suffit.

Une honnête femme ne saurait être un honnête homme.

Une grande femme ne saurait être un grand homme. La grandeur est chez elle affaire de centimètres.

On peut bien écrire : tout homme est Homme. Mais pas : toute femme est Homme. Ce n'est pas seulement drôle, c'est incompréhensible.

Je suis comme les autres, je parle la langue des hommes. La nuance entre homme et Homme est inaudible. Homme et homme c'est pareil; je ne vous le fais pas dire...

Une femme n'est pas un homme, donc pas un Homme. Une femme est une femme; rien de plus clair.

Non, non, je ne revendique pas. La dignité du statut d'Homme ne me tente pas; elle m'amuse. C'est en me jouant que je considère l'Homme.

Et je me dis : l'Homme? Qu'est-ce que c'est, l'Homme? L'Homme, c'est ce dont l'homme a accouché. Nous avons fait les enfants, et eux, ils ont fait l'Homme.

Ils ont fait naître l'universel du particulier. Et l'universel a porté le visage du particulier.

L'universalité fut désormais leur tour favori. Le décret parut légitime et la loi parut bonne : une parole pour tous. Si la parole est unique, un seul peut la parler. L'homme.

Mais ce n'est pas sans peine qu'ils parvinrent à convertir en justice la tyrannie de l'universalité.

Ils ont conçu leur machine de guerre (qu'ils ne cessent d'ailleurs de mettre au point à travers les siècles tant elle est bancale) : le logos. Et la fonction la plus durablement appréciée a été celle de logomachiniste.

Toute bancale qu'elle fut, la machine fonctionna incomparablement mieux qu'aucune machine jamais conçue. Le monde entier, Blancs, Noirs, Jaunes, femmes et enfants, fut nourri, gavé, de son produit de base, la vérité et ses sous-produits, âme, raison, valeurs... Le tout toujours garanti, estampillé Universel.

Ils ont dit que la Vérité n'avait pas de sexe. Ils ont dit que l'art, la science et la philosophie étaient vérités pour tous.

Mais qui nous dit que c'est vrai ça, sinon eux? Voulant m'assurer que leur parole est celle de l'universel, ils n'ont que leur parole d'homme à me donner.

Ils sont bêtes; ils ont laissé filer Dieu. C'était **très** commode pour l'universel, ils disaient qu'ils étaient simplement les transcripteurs, les messagers, les répétiteurs de sa parole.

Du temps où Dieu parlait, la Vérité ne sortait que de sa bouche. Depuis que Dieu s'est tu, les hommes ont pris le relais.

Pourquoi la Vérité sortirait-elle de la bouche des hommes?

La Vérité peut sortir de n'importe où. Pourvu que certains parlent et d'autres se taisent.

La Vérité n'existe que parce qu'elle opprime et réduit au silence ceux qui n'ont pas la parole.

Inventer une parole qui ne soit pas oppressive. Une parole qui ne couperait pas la parole mais délierait les langues...

Non, non, je ne demande pas l'accès à la Vérité, sachant trop combien c'est un puissant mensonge que les hommes détiennent là.

Je ne demande que la parole.

Vous me la donnez, d'accord, mais ce n'est pas celle-là que je veux. C'est la mienne que je veux, pas la vôtre à laquelle je ne fais plus confiance.

Car il ne me suffit pas de parler de moi pour trouver une parole qui soit mienne. Littérature de femme : littérature féminine, bien féminine, d'une exquise sensibilité féminine. La littérature des hommes n'est pas masculine, bien masculine, d'une exquise sensibilité masculine. Un homme parle au nom des Hommes. Une femme, au nom des femmes. Mais comme c'est l'homme qui a dit ce qu'était la vérité de tous, et la vérité des femmes, c'est l'homme qui parle toujours par sa bouche.

Comme un piano qui croirait faire de la musique, alléguant pour cela que la commande (choc des doigts sur le clavier) n'est pas musicale, que seule est musicale la réponse qu'il fournit. Pauvre fierté du piano qui veut oublier que tout est joué d'avance; par le pianiste.

Toute la littérature féminine a été soufflée à la femme par la parole de l'homme.

Toutes les gammes, toutes les mélodies de la féminité étaient jouées d'avance.

Inventer, est-ce possible?

Il faudra bien inventer de toute façon; à moins qu'il ne reste plus qu'à périr.

Ce monde bête, militaire, et qui sent mauvais, marche tout seul à sa ruine. La parole de l'homme est un tissu plein de trous, déchiré, effiloché; un tissu brûlé.

Aussi fort écarquillerons-nous les yeux, aussi loin tendrons-nous les oreilles : les hautes cimes d'où se promulguent les lois, les mâles cimes de toutes les valeurs sacrées sont désormais perdues dans les brumes épaisses de l'ennui, de l'indifférence et du gaz carbonique.

Alors voilà que les femmes ouvrent la bouche, et que leur langue se délie...

Désormais aucune voix d'homme ne parviendra à couvrir ces voix multiples et vigoureuses...

Mais cela n'est rien encore... A vrai dire cela ne sera rien si la femme ne parvient pas à tisser le tissu plein et neuf d'une parole jaillie d'elle-même.

Car les voix peuvent être neuves et les paroles éculées.

Attention, femme, attention à tes paroles.

Ne t'approprie pas la parole de l'homme pour guerroyer avec elle.

Ne réclame pas ce dont l'homme jouit car ce n'est rien d'autre que les armes de ton oppression.

Ne réclame pas ta part d'un festin qui n'est que de charognes.

Ne cherche pas à ce qu'on reconnaisse en toi l'Homme. Car l'Homme est homme, et il n'attend que cette ultime consécration de lui-même.

Que le Noir ne cherche pas à ce qu'on reconnaisse en lui l'Homme. Car celui qui décrète l'Homme est homme blanc.

Que le prolétaire ne cherche pas à se faire reconnaître dans sa dignité d'Homme. Car la dignité d'Homme est une dignité de patron, et de flic, et de suceur de sang.

Que tes paroles de femme se moquent de l'humain...

Je voudrais que la femme apprenne à naître, à manger et à boire, à regarder le jour et à porter la nuit.

Je voudrais que les bonheurs de sa chair lui apprennent à penser dans la solitude.

Je voudrais qu'elle aime d'abord la vie. Puis l'homme dans la vie.

Je voudrais qu'elle le méprise, l'homme, et le dédaigne, dans toutes ses grandeurs et ses décorations, son génie, son héroïsme, sa force et son honneur, qu'elle l'abandonne à son autosatisfaction, son auto-érotisme et son automobile.

Je voudrais qu'elle l'aime, l'homme, dans sa nudité. Comme elle sait parfois aimer, mais seulement ses enfants. Je voudrais qu'elle apprenne à l'aimer, l'homme; joueur, inventif et dansant.

Que je dise d'abord d'où je tiens ce que je dis.

Je le tiens de moi, femme, et de mon ventre de femme. Car c'est bien dans mon ventre que cela débuta, par de petits signes légers, à peine audibles, lorsque je fus enceinte. Et je me mis à l'écoute de cette voix timide qui poussait, heureuse, émerveillée, en moi. Et j'entendis une parole extraordinaire, où les mots me manquaient...

Qui m'aurait dit, pourrai-je jamais dire, de quels mots le tisserai-je, le bonheur si bouleversant de la grossesse, le bonheur si déchirant, immense de l'accouchement...

Voilà comment j'appris d'abord que mon sexe de femme était le lieu des fêtes dionysiaques de la vie.

J'ai regardé alors du côté de l'homme. Pour lui, une seule fête du sexe : le coït. Des autres fêtes, celles multiples de mon sexe, il ne voulut pas entendre parler. On n'en parla pas.

Et cette unique fête à laquelle il était convié, il la voulut pour lui tout seul. Il exigea de ma présence nécessaire qu'elle fût discrète et seulement dévouée à la fête de l'homme.

Il décréta qu'il n'y avait qu'une fête du sexe, et qu'elle était virile.

Tant pis pour lui, il faudra que j'en parle, des jouissances de mon sexe, non, non, pas les jouissances de mon âme, de ma vertu ou de ma sensibilité féminine, les jouissances de mon ventre de femme, de mon vagin de femme, de mes seins de femme, des jouissances fastueuses dont vous n'avez nulle idée.

Il faudra bien que j'en parle car c'est seulement de là que pourra naître une parole neuve et qui soit de la femme.

Il faudra bien divulguer ce que vous avez mis au secret avec tant d'acharnement, car c'est là que se fondent toutes nos autres répressions. Tout ce qui était nôtre sans être vôtre vous l'avez converti en souillure, en douleur, en devoir, en chiennerie, en petitesse, en servitude.

Après nous avoir réduites au silence, vous pouviez faire de nous ce qui vous convenait, domestique, déesse, jouet, mère-poule ou femme fatale. La seule chose que vous nous ayez jamais demandée avec une réelle insistance, c'est de nous TAIRE; à vrai dire on ne peut guère exiger davantage; au-delà, c'est la mort qu'il faut exiger.

C'est notre silence et l'éclat triomphant de votre parole qui ont pu autoriser le vol de notre travail, le viol de notre corps et tous nos asservissements béats, nos martyres silencieux...

D'où vient que nous sortons de notre coma et que nos langues encore tout engluées du respect de vos valeurs se délient peu à peu?

Vous aviez proclamé l'universalité de votre parole. Un excellent truc pour asseoir votre puissance, mais à la longue un pauvre moyen de la conserver.

On se rend, convaincu, à ceux qui disent : « Tous les hommes naissent et demeurent libres et égaux en droits. »

Et peu à peu on découvre que celui qui n'a rien n'a droit à rien. Ni à l'égalité ni à la liberté.

Et l'on finit par exiger la lettre de la loi. L'égalité. La liberté.

C'est d'abord à la lumière de vos bons principes de justice que tous les pauvres bougres apprennent à lire le malheur et l'injustice de leur condition.

Voilà comment on se réveille, avec la maladresse inévitable des membres engourdis. L'éveil véritable est à venir; il se prépare.

C'est encore piétiner sur place et c'est encore vous faire trop d'honneur que de mesurer l'injustice qui nous est faite à votre étalon de justice.

C'est à nous-mêmes que nous mesurerons le sort qui nous est fait.

Nous avons découvert en nous une petite lumière qui nous est propre, et c'est elle seule que nous suivrons, dédaignant les chemins de la révolte, déjà tracés et balisés par vous.

Votre phallus était un phare dressé sur la nuit océan.

Voici l'aurore et la naissance de notre lumière.

Nous inventerons le monde car nous parlerons enfin de ce que nous savons, silencieuses. Et nous savons, j'en suis sûre, ce qui est bel et bon.

Pendant que triomphalement, vous, vous nous teniez tête, nous, nous tenions le coup.

Vous avez eu beau dénigrer la vie, la craindre et l'insulter, nous n'avons cessé de l'aimer dans le secret et patiemment à travers les siècles.

Car vous avez eu raison de tout, sauf de la vie.

Les hommes ont des principes, et ils y tiennent.

Au cœur de ses principes, gravées, dans la froide splendeur d'une loi éternelle et comme surhumaine, la valeur de la femme et la valeur de l'homme :

La femme vaut qui permet à l'homme d'accomplir son être d'homme.

Mais l'homme vaut de lui-même.

Car de lui jaillit toute valeur, comme le sperme de son pénis.

Si je pouvais dire comme lui : le plus haut, le meilleur, est ce que vise l'homme, et auquel il est seul à pouvoir prétendre, alors oui, si je pouvais dire cela, j'accorderais bien volontiers ma valeur à la sienne.

Mais voilà, je ne peux pas le dire. Ce qu'il impose à mon jugement comme le fin du fin de l'humanité grimace à mes yeux d'infirmité et de misère.

Alors je dis (rien ne saurait m'en empêcher) : la valeur de l'homme ne vaut rien. Ma meilleure preuve : ce rire qui me gagne quand je l'observe là où il veut être reconnu. Et c'est aussi ma meilleure arme.

Il ne faut pas faire la guerre à l'homme. C'est son moyen à lui de gagner sa valeur. Nier pour s'affirmer. Tuer pour vivre. Il faut simplement dégonfler ses valeurs sous la percée du ridicule.

Longtemps je me suis rebellée contre les hommes à cause de leurs exigences et de leur mépris, à cause du monopole de leurs gloires. Mais j'ai remarqué que les hommes souriaient d'aise à la rébellion féminine et finement jouissaient de leurs morsures; ils voyaient dans notre colère l'expression d'une suprême et malheureuse dévotion envers leurs valeurs auxquelles nous n'aurions jamais accès.

C'est alors que je me suis demandé au nom de quoi ils exigeaient, méprisaient, de quoi ils pouvaient bien se glorifier. Et j'ai rencontré leurs valeurs inscrites au firmament de la grandeur et de la dignité humaine.

Ce fut d'ailleurs à cette occasion que le rire commença à me démanger... Je me prenais à les observer, les hommes autour de moi, Pierre, Paul, Jacques, à la lumière de la grandeur et de la dignité humaine, et vraiment, ces hommes qui pouvaient passer pour ce qui se fait de mieux n'étaient pas à la hauteur. Faibles à la lumière de la Force. Lâches à la lumière du Courage. Bornés à la lumière du Génie. Le souffle court à la lumière de l'Inspiration. Étriqués à la lumière de la Générosité. C'était pitié que de les voir si loin...

Mais si ça m'a amusée, je ne me suis pas attardée

là-dessus. Je leur ai généreusement accordé ce qu'ils s'accordent eux-mêmes chaque fois qu'ils ratent leur coup et soupirent : je ne suis qu'un homme après tout... et je me suis dit, ne les chipotons pas là-dessus, « ce ne sont que des hommes après tout »... Une petite diversion qui déjà, mine de rien, m'en apprenait de belles. L'Homme est grand, mais attention, les hommes ne sont que des hommes. Preuve que si l'homme me fait la vie, et s'il me fait la loi, ce n'est pas au nom de ce qu'il est, mais au nom des abstraites et viriles vertus.

Et je me suis dit, ces hommes-là sont plus près de mon cœur que de leurs belles et oppressantes vertus; ce n'est pas un bon terrain d'observation que ces hommes-là, allons voir du côté de ceux qui les inspirent.

Et je suis allée voir du côté des héros de mon temps sur qui les hommes se débarrassent du soin d'assumer leurs valeurs.

Où sont-ils ces héros? Condamnés par la littérature à une mort certaine, ils ont, fort à propos, changé de camp; ils sont passés au cinéma. Heureux déplacement. Pour eux. Et pour le cinéma.

Mon siècle fleurit de héros, plus efficaces dans la mâlolâtrie que tous les Jean Valjean de la littérature. Et le cinéma prospère; rien de plus payant que l'exhibition des viriles vertus à l'assaut de la valeur.

Ils sont shérif, cow-boy ou défricheur de terres,

policier ou truand, docteur Schweitzer ou père
tranquille. Iconographie haute en couleurs, quoiqu'un peu répétitive, de l'homme véritable.

La gueule du héros, ce qu'on appelle une belle
gueule, suffit en général à le reconnaître. Pas de
traits subtils, délicats. Le héros se doit d'avoir
l'air taillé dans le roc, au couteau, à la hache.
Quelques rides bien placées aux commissures des
lèvres, dédain et supériorité, près des tempes,
autour des yeux, clairs et bleus de préférence pour
la noblesse de la race, de ces yeux qui en ont vu
d'autres, qui ont vu tout ce qui se pouvait voir,
et qui ne cessent pour autant de tout voir.

Le héros préfère se taire. De façon éloquente. Car
il est au parfum de toutes les vilenies humaines,
trahisons, férocités et petitesses. Ce n'est pas à lui
qu'on peut la faire.

Le héros a de la stature, du volume. Chargé de
peines tues et d'ans qui ont leur poids, le héros
n'est jamais vieux, mais toujours grand. Côté américain, ça frôle les deux mètres. John Wayne, Gre-
gory Peck, Henry Fonda, Burt Lancaster, c'est
tout du haut sur pattes. Si le héros américain met
ses centimètres dans le sens de la hauteur, le nôtre
c'est plutôt dans le sens de la largeur. Ici, on
préfère le genre râblé. Faciès large, nez volontiers
écrasé par d'anciens virils corps à corps, buste
épais, solide. De la poigne, des traits lourds,
presque paysans, la voix massive, grattée de sim-
plicité, rayée d'accents populaires.

Côté américain, le héros fait alors la loi à partir
d'une supériorité aristocratique et silencieuse. De

notre côté, la loi émane directement du héros, s'impose d'elle-même comme effet et prolongement spontané de sa propre nature. Car nous, on le veut « nature » l'homme véritable, rude, d'une seule pièce, fort en gueule et de puissant volume. A la Danton. Genre tribun populaire. Et ça donne les figures toujours hautement appréciées d'un Gabin ou d'un Lino Ventura...

Le plus réussi pour ce qui est du gabarit, c'est Orson Welles. Le héros des héros. Celui-là, il me fait franchement pisser de rire. Grâce à une caméra femelle, constamment à plat ventre devant lui (pas devant les autres qui ne sont pas des héros), il s'offre le luxe de combiner généreusement les centimètres en hauteur et en largeur. C'est pas qu'il chante une autre chanson que les autres, non, mais lui, il y met le paquet. Et si quelques avertis sourient finement aux mines fascistes, engluées de molle graisse, d'un John Wayne, c'est pour, après, mieux bêler au génie devant Orson Welles. Preuve que c'est pas la chanson qui les gêne, mais la médiocrité de la voix qui la sert.

Cette espèce de Raspoutine soufflé suscite une dévotion religieuse des plus comiques, où se mêlent tous les ingrédients nécessaires à l'excellence de sa composition : crainte, respect, adoration muette. Sur l'écran, dans la salle, c'est pareil. Subjugués, ils sont. Tous entrés dans la caméra. Tous femelles. Convaincus.

Et peu importe le déguisement, self-made man,

prince de légende, milliardaire crapuleux ou policier véreux. Les grimages divers dont ce monsieur
prétend raffoler ne servent qu'à accuser l'identité
du personnage. L'homme superbe. De préférence
dans le mal et la crapulerie. Si c'était dans le bien,
on se l'approprierait trop vite, on deviendrait
son disciple, son émule, on aurait envie de faire
copain-copain avec lui, non, attention, bas les
pattes, vermine... On ne saurait, sans le dégrader,
frayer de trop près avec l'homme véritable. Pas de
respect sans distance.

Le personnage finit mal. Dans la solitude, l'in-
compréhension bornée des tiers, leur inimitié mes-
quine, dans la boue du caniveau ou le vide
des cieux. Le délire mégalomaniaque atteint son
paroxysme, accrochez-vous à vos fauteuils; la fin
de l'Homme est sublime. La nuit est parcourue
d'éclairs, ou le jour s'obscurcit, et la terre tremble
quand l'Homme vient à mourir. Il meurt comme
le Christ, condamné par les petits du fait de sa
seule grandeur, abandonné de tous, humilié de
blessures. Et comme pour l'autre c'est l'apparence
de la déchéance qui marque le passage au sublime.
La chute finale découvre l'ultime grandeur; apothéose et transfiguration.

Avec Orson Welles au moins, la leçon est claire :
la virile puissance n'a cure de moralité. Si le héros
est bon, honnête et juste, et s'il gagne à la fin, ce
n'est que pour bénir l'approbation unanime qu'il a
conquise ailleurs. Dans la démonstration et l'exhibition des trois qualités essentielles de l'homme
véritable : l'ascendant, la poigne, les couilles. Et

le bandit en a autant que son justicier, le criminel autant que son flic.

A la mort du bandit, seuls les minables, quelques vieillards gâteux, les femmes et les enfants, se réjouissent. Le shérif ou le policier, eux, font des têtes de cent pieds de long, véritablement pathétiques. Car c'est un homme qui vient de mourir, terrassé par son cruel destin. Un homme. Pas un nègre, une femme, un Chinois, ou une quelconque de ces figures anonymes que le shérif a entraînées à la poursuite du bandit. Un homme, un vrai. L'*alter ego* du shérif.

Le soleil est au plus haut. La terre brûle, éclate de lumière. Ils se font face. Immenses et solitaires. Les autres se sont terrés dans l'ombre. La place est nette pour le sublime combat de l'homme. L'instant est long, comme infini, où ils se regardent et se reconnaissent l'un l'autre, jouissant enfin de leur grandiose image. Le jour grésille, un chien aboie au loin. Au-delà des épreuves qui les ont séparés, ils s'approuvent infiniment.

Tout est dit alors, puisqu'il ne s'agit pas pour eux de vivre mais de témoigner, et le coup peut partir.

Le bandit est mort et le shérif décomposé. Il s'écarte de la foule et de son imbécile gratitude. Ce coup d'éclat est pour lui un coup de poignard. Il ne lui reste plus qu'à déposer son étoile de shérif, à monter sa jument (qui est sa seule amie), et à aller se perdre dans la grande nature sauvage du Colorado.

A vrai dire ces grands beaux musclés du cinéma, tous ces bouffis d'arrogance, finiraient par fonctionner à vide si quelques figures sans éclat apparent ne venaient par la bande donner leur mot. Sans le héros qui n'a pas une gueule de héros (genre Humphrey Bogart chez eux, genre Pierre Fresnay chez nous), on finirait par croire que la grandeur virile tient aux dimensions du bonhomme, à sa musculature, à sa façon de rouler des mécaniques, à la dure clarté de ses yeux pénétrants. Avec lui on apprend que la modestie, la banalité du profil d'ensemble peuvent dissimuler une héroïque grandeur. Avec lui on apprend que la grandeur de l'homme n'est pas qu'une affaire de centimètres et de kilos, que c'est aussi et surtout une affaire intime. La force physique n'est que l'image d'une force intérieure.

Le héros qui n'a pas une gueule de héros est le commis-voyageur, le représentant officiel de la grandeur de l'homme. C'est lui qui établit l'indispensable liaison entre le héros spectaculaire et l'homme discret.

Les héros ne sont pas imaginaires, dit-il, et les valeurs qui sont les leurs sont des valeurs d'homme.

Que les petits, les chétifs, les malingres, ne désespèrent pas. Ils seront reconnus comme hommes véritables, pourvu qu'ils aient l'intime force. L'ascendant, la poigne et les couilles.

Et qu'ils soient hommes évidemment, pas femmes; mais cela va sans dire...

Au cinéma, bien mieux encore que dans les livres, j'ai appris également que l'homme fort ne traînait pas ses guêtres n'importe où. Qu'on avait peu de chances de le rencontrer sur un sentier parfumé de Normandie ou dans les ruelles confites d'ennui de Clermont-Ferrand. L'homme fort exige des lieux à la mesure de sa force.

Soit une nature vierge et grandiose. Une nature qui en impose par sa rudesse, son immensité, sa sauvage impénétrabilité.

Soit New York, Paris (en forçant un peu), ou Chicago. Une ville extrême, monstrueuse, tentaculaire. Autre visage de l'immensité et de l'implacable sauvagerie.

L'homme véritable se doit de combattre. Une nature, une société accueillantes ne sauraient lui convenir.

Il se doit de combattre. Non parce que certaines choses doivent être combattues, mais parce qu'il lui faut atteindre les limites extrêmes de ses possibilités de combat.

La virile grandeur ne saurait s'accommoder de répondre convenablement aux agressions extérieures. L'homme véritable pénètre les terres vierges à la recherche du danger et des difficultés à vaincre. Il s'avance, sollicitant les résistances, invoquant, provoquant le combat.

C'est que tout ce qui lui donne l'idée d'une maîtrise possible lui met le feu aux fesses : les terres de l'Ouest, les troupeaux de bovidés, les sommets jamais atteints de l'Annapurna, les secrets encore non révélés du cosmos, les coffres des banques, les

Indiens vengeurs, les femmes ou les juments
rétives.

Il contemple fièrement la main qui le distingue
de la bête et se met au travail. Il défriche, joue de
son vigoureux lasso, se hisse aux plus hauts sommets, perce, tue, écrase, et maintient enfin tout ce
qui se peut maintenir.

Il a levé la main. Il a mis la main dessus. Et il a
pris en main. Il a conquis. Il est le maître.

Et lorsque par hasard il n'a ni muscles, ni astuce,
ni belle gueule, il se rabat sur la « maîtrise de soi ».
Pour avoir tout de même quelque chose à maîtriser,
il invente cette monstrueuse figure de lui-même,
la bête sauvage et le dompteur, le fort et le faible,
l'ange et la bête. Il est deux; comme ça au moins
il peut être maître de quelqu'un qui est aussi un
maître. Maître de l'esclave qui est en lui et maître
du maître. La maîtrise de celui qui n'avait pas le
gabarit du héros est telle qu'il devient maître à
penser. Et dans les nuées de la philosophie, le succès sur lui-même de celui qui est deux éclate
comme le bouquet de tous les artifices de la
valeur.

Le héros des héros, le champion des champions,
c'est le maître de soi.

Comment ne pas dire déjà la mesquinerie, le
ridicule de ce partage de soi, comment ne pas y
flairer déjà le goût malsain de tous les saccages de
vie? Pourrons-nous jamais apprendre à nous aimer,
à nous reconnaître nous-mêmes, un et divers, mais
pas deux, surtout pas deux, comme à la guerre,
comme sur le ring...

Maître, maître, le voilà le maître-mot de toutes nos soumissions à la grandeur de l'homme. La voilà la plus pernicieuse et la plus obscure de nos évidences : le meilleur est maître, et le maître est meilleur. Saurons-nous jamais penser hors de cette tyrannique loi du maître?

Si j'ouvre mon pense-bête au mot maître, j'apprends que le maître est « celui qui commande, soit de droit, soit de fait ». Comme si ça n'était pas exactement la même chose. Comme si le droit ne se reconnaissait pas au fait, et comme si le fait pouvait se passer du droit! Le maître n'est pas le maître tant qu'il n'en a pas extirpé le droit...

Le maître est donc celui qui commande. Bien. Mais comme on ne commande qu'à ceux qui obéissent, il a fallu d'abord convaincre d'obéissance tous ceux qui auraient tenté d'agir et de parler par eux-mêmes. Il a fallu les vaincre, leur dérober leurs actes et leur parole. Il a fallu les posséder.

Il n'y a pas de maître de fait, il n'y a que des maîtres voleurs, violeurs et usurpateurs. Maître de la vie et de la mort, maître d'école et maître de famille, maître des arts et des lettres, maître des lois, maître de soi et maître-queue, il n'y a qu'un seul maître, c'est celui qui possède. Le maître n'est rien d'autre qu'un propriétaire.

Le maître a la libre disposition et jouissance de ses biens, terres, nègres, chevaux, femmes, disciples, Arabes, et lui-même, quand il n'a rien de mieux à se mettre sous la dent.

Alors je sais ce que l'homme aime en lui et dont il a fait l'objet de tous nos respects : ce sont les vertus du conquérant et du propriétaire. Il lui faut de la force pour vaincre, de la grandeur pour posséder impunément.

La vertu des vertus, la *virtus*, c'est la force.

Mais la force ne peut s'extraire de son image préférée; la force, c'est toujours le muscle bandé, le coup reçu par le coup donné, la poigne triomphante de la main.

Il y a le courage aussi, mais c'est pareil. La force de la force dépassant le péril. Et l'homme inquiet de sa valeur sonde avec une rage maniaque la force de la force de sa force. C'est toujours finalement la mort qu'il lui faut braver; la mort l'obsède. Mais si la mort qui finit par l'attraper ne peut rien lui apprendre, le triomphe de la vie, dont il ne sait s'il le doit au destin, au hasard ou à lui-même, le laisse toujours dans l'incertitude.

Son courage, sa force d'âme, sa générosité, comme on disait autrefois, il ne peut les éprouver qu'en les mettant à l'épreuve, mais il n'y a pour lui de preuve nulle part, ni dans la mort ni dans la vie. Faute de preuve, il se contente de l'ascendant que lui confèrent auprès des timides ses actions d'éclat.

A vrai dire le courage que le héros cherche en lui est illimité, insaisissable, à la mesure de sa rage de possession. S'il ne meurt pas à la fin du film, il s'écarte de la scène de ses triomphes, préfigurant sa mort, auréolé de pathétique. Sa haute jument l'emporte vers d'impossibles rivages, car jamais sa soif ne sera étanchée. Ou alors, solitaire, intangible, il s'enfonce comme pour n'en jamais revenir dans la nuit dérisoire des villes.

Quand on comprend ce que veut le héros, on comprend aussi qu'il ne soit jamais content. Il sait qu'il va mourir un jour, et c'est pour lui une idée intolérable. Parce qu'après sa mort le monde va continuer de tourner. Monde riche et plein de tout ce que le héros n'a pu posséder; mais aussi, ô cruauté, de tout ce qu'il avait réussi à posséder.

La mort lui volera impitoyablement ce qu'il considère comme son bien, réel ou putatif, et la mort est son plus haut tourment.

C'est la mort qui donne la fièvre au héros. Pas la vie, qui le laisse froid.

L'héroïsme se joue face à la mort.

Hors de l'aura fatale aucune vie ne rejoint la virile grandeur.

Si l'oiseau lugubre ne plane pas alentour, rien de grand ne saurait s'accomplir ici.

C'est la trame, discrète quand il est réussi, du western, du film de guerre ou policier. Et le film empoigne s'il a la vigueur colorée des mythes. L'histoire enchante dans la mesure où elle accuse silencieusement au cœur du spectateur cette parole: c'est dans la proximité de la mort et contre elle que la vie gagne ses titres de noblesse.

Point de vue constant et immuable, mais qu'enveloppent parfois fort joliment les péripéties de l'aventure virile.

Cela dit, il n'y a pas qu'au cinéma que l'héroïsme paye. La fortune d'un Saint-Exupéry, mieux encore celle, indestructible, d'un Malraux, lui doivent tout.

L'emphatique Malraux (la discrétion n'est pas son fort) n'a jamais fait que s'emparer de ce qu'on connaissait depuis longtemps, le lien nécessaire entre l'héroïsme et la mort, pour en faire le thème affiché, garanti grandiose, de sa prose. Il le clame, le déclame, le proclame, le décline et le conjugue, comme si lui enfin, Malraux, avait découvert de quel bois on fait la flûte des héros.

Mais avec lui, au moins, on ne risque pas de s'égarer sur les sentiers de l'interprétation. Tout est marqué. Noir sur blanc. C'est dit dès le début de son œuvre et ça se répète pareil pendant des centaines et des centaines de pages.

Or il n'y a rien de moins inventif dans le monde des valeurs, de plus répétitif, que la pensée de Malraux.

Stérile complaisance, triste enthousiasme, que ceux d'une jeunesse bouleversée par l'exhibition outrancière des valeurs les plus conventionnelles.

Voici quelques formules heureuses, piquées au hasard, ou presque, dans cette *Voie royale* (celle des héros) que ne cesseront de parcourir avec entêtement tous les personnages de Malraux.

D'abord une formule pour définir la voie royale qui s'appelle l'aventure :

« L'aventure n'est pas une fuite, c'est une

chasse. » Pascal aurait dit qu'il n'y avait pas de meilleur moyen de fuir que de chasser. Que la prise, achevant la chasse, importait peu. Mais Malraux est loin de ces finesses.

Et si son héros déclare : « Être roi est idiot; ce qui compte, c'est de faire un royaume », ce n'est pas dans le dédain du pouvoir lui-même, mais dans celui d'un pouvoir qui ne serait pas l'ultime consécration d'une conquête.

Prendre, conquérir, vaincre, *avoir*. C'est en quoi consiste la chasse. Chasse aux trésors, chasse aux femmes, chasse à l'homme. Posséder, c'est le programme de l'aventure.

« Posséder plus que lui-même, échapper à la vie de poussière des hommes qu'il voyait chaque jour. »

« Tout corps qu'on n'a pas eu est ennemi. »

« Non ce ne sont pas des corps ces femmes : ce sont des... possibilités, oui. Et je veux... Il fit un geste que Claude devina seulement dans la nuit, comme d'une main qui écrase. ... Comme j'ai voulu vaincre des hommes. »

A côté de l'énoncé du programme est déployé, commenté, le sens profond de l'aventure, censé éclairer l'ampleur, et éventuellement justifier la cruauté, du programme lui-même. Ce sens est celui de l' « austère domination de la mort ».

« Puisque je dois jouer contre ma mort, j'aime mieux jouer avec vingt tribus qu'avec un enfant. » Et le héros de préciser que ce qu'il veut, gagner face à sa mort, il le veut « comme mon père voulait la propriété de son voisin, comme je veux des femmes ».

Une terre, des femmes, des hommes vaincus, c'est du pareil au même, surtout quand il s'agit d'affronter sa mort, histoire de la posséder elle aussi, cette garce rebelle, comme le reste.

Et le héros tout entier s'engage en fonction du regard qu'il porte sur la mort, qui n'a qu'un visage, la sienne.

La mort : « Cette défaite monstrueuse. »

Le monde n'a pour le héros qu'une dimension métaphysique : la future dissolution de son moi-je, la fin des possessions.

Inutile alors de se demander si c'est parce qu'il aime par-dessus tout posséder qu'il lui faut tenter de posséder ce qui lui échappe, sa mort; ou si c'est parce que sa mort lui échappe qu'il est pris d'une rage de possessions qui pourraient lui survivre. C'est du pareil au même. Moi-je, ça n'existe que dans la possession.

Et la meilleure formule par laquelle le héros définit sa quête : « Je veux laisser une cicatrice sur cette carte. »

Le héros, c'est moi-je, le plus longtemps possible. *Ma* marque, *ma* mainmise, *ma* possession éternisée.

Alors quoi? Faudra-t-il indéfiniment acquiescer au mot d'ordre de la grandeur humaine : posséder, envers et contre tout?

Faudra-t-il ne jamais considérer la vie autrement qu'à travers le regard de haine jeté sur la mort, cette implacable, cette ironique voleuse?

La mort, une défaite? Et monstrueuse, encore?
Mais qui donc se fait juge de la monstruosité
de la mort? Comment, au nom de quoi, nous qui
sommes mortels pouvons-nous qualifier la mort
de monstrueuse? Et il y aurait de la grandeur
là-dedans?

C'est la vie elle-même qui leur apparaît comme
une monstruosité, ils la haïssent, et ils se forgent
une image véritablement monstrueuse de la vie,
une sorte d'empire fabuleux où il n'y aurait pas
de mort. Mais ces héros ne sont que des profanateurs de vie, de misérables pantins, les bouffons
grotesques de leurs monstrueuses chimères.

Voilà ce que c'est, le héros, un raté de la vie, un
impuissant de la vie et qui se venge, volant, asservissant, pillant et insultant tout ce qui vit. Le
courage est chez lui l'ensemble de ce qui est requis
pour bafouer la vie. Les monstres ne sont jamais
seulement des monstres; ils vivent. Seul le héros
est un monstre qui joue la vie contre la vie.

Mais d'où vient-il, ce monstre? Qui apporte de
l'eau à son moulin, qui le soutient, qui le pare et
l'ennoblit? Toujours le même, le penseur, le
logomachiniste.

Écoutez-le pour une fois d'une oreille saine.
Il dit que la vie est absurde. La vie absurde!
Tout ça parce que sa raison ne parvient pas à en
rendre compte. Et il soumet la vie à l'examen et
au jugement de sa raison imbécile. Et il ne lui
vient pas à l'idée, c'est pourtant simple, qu'il doit
y avoir quelque chose de détraqué, de *monstrueux*
dans sa raison pour énoncer de pareilles absurdités!

Ainsi, la question : la vie vaut-elle ou ne vaut-elle pas la peine d'être vécue, n'est pas la plus profonde des questions de l'homme, la question des questions, c'est l'expression la plus profondément bête, et comme son image indépassable, d'une pensée corrompue de raison.

Comme si quelque chose pouvait valoir hors de la vie; et permettre hors de la vie d'apprécier la vie...

Comme si la pensée, que la vie seule rend possible, pouvait avoir d'autre tâche que de servir la vie.

Il n'y a qu'une juste pensée, la pensée vive, celle qui sait attiser le feu étouffé de la vie, et semer la révolte contre les empoisonneurs, les pillards et les profanateurs de vie.

Faire la révolution, c'est bien dire, oui. Mais c'est encore trop peu dire. Que le glas des prestigieux possédants sonne aussi celui de leurs valeurs de charognards qui ont contaminé la terre entière.

Et sait-on bien encore ce qu'est le révolutionnaire hors de la dimension habituelle du héros?

Lorsque le cinéma met en scène un révolutionnaire (ou Malraux d'ailleurs sur la scène de ses romans), il le convertit immédiatement en héros. Et c'est en effet par là qu'il emporte l'approbation unanime des spectateurs bourgeois, chatouillés dans leur immuable sentiment de la grandeur. Le héros n'est plus que secondairement, voire **accidentellement**, révolutionnaire. Ce qui compte et ce qui passe au premier plan, c'est qu'il s'agit de quelqu'un qui se bat pour donner un sens à SA vie, et pour qui la révolution n'est que moyen.

Ce qui importe alors dans le héros révolutionnaire, ce n'est pas contre quoi il se bat, c'est son combat à lui, sa valeur à lui, sa force à lui.

Ce qui inonde l'écran, c'est seulement le courage du héros, les défaillances et les triomphes de ce courage.

Qu'il soit croisé, nazi, bandit de grand chemin, flic ou révolutionnaire, c'est toujours la même salade exhibée. Le courage du héros.

Et le courage ne vaut rien en lui-même. Rien de rien. Le courage n'est pas beau. Le courage n'est pas grand.

Il est même misérable, haïssable, bouffi d'enflures morbides, quand il s'applique à soumettre, opprimer, réprimer tout ce qui vit.

Et il n'est rien d'autre que cette douleur, cette dure violence que l'on se fait à soi-même, quand il faut passer par lui dans le combat contre l'oppression.

Non, c'est fini. Les mascarades du héros me font pitié. Et rire, ses mines d'importance, ses figures tragiques. Qu'il ne compte pas sur moi pour l'aider, comme il le demande, comme il l'exige, dans l'accomplissement de son règne. Le règne de la grandeur humaine. Parce que je m'en moque.

L'homme dit que l'homme vaut absolument. Bien forcé de dire aussi que sa parole prévaut; sinon...

Mais il ne garde pas toute la valeur. Il la distribue alentour, l'accorde, comme Dieu fait de sa grâce; non par un don véritable qui ôterait au donateur un bien particulier, mais par une sorte de rayonnement de lui-même dont il attend la réflexion vers lui. Toutes les valeurs qu'il confère, aux êtres, aux actes, aux choses, sont des valeurs qui lui reviennent, ou plutôt tendent toujours à lui revenir. De droit.

Or le statut de la femme, dans le vaste ensemble des opprimés sur lesquels l'homme fonde et entretient sa domination, est tout à fait à part et en un sens privilégié.

Impossible de confondre la femme avec les autres exploités du monde, peuples et travailleurs. La femme n'est pas premièrement et fondamentalement exploitée, du moins dans nos sociétés. Et lorsqu'elle l'est, ce n'est que l'effet lointain d'un mode de domination qui est pour elle d'un type très particulier.

La domination du maître sur l'exploité est

immédiatement assurée (sinon toujours garantie)
par l'état de misère auquel il l'a réduit. La misère
du miséreux suffit au propriétaire pour se faire
craindre et obéir. Nul besoin de justifier davantage cet état de dépendance tant que le maître
peut alléguer : la nécessité du miséreux fait loi.

La femme est bel et bien opprimée, mais d'une
tout autre façon.

Le travailleur exploité n'a aucune valeur propre
(quelques droits abstraits et généraux ne pouvant
constituer une valeur); la seule valeur en jeu est
celle de son travail que l'homme-maître s'approprie sans autre forme de procès.

Or, à la femme, l'homme accorde de la valeur,
et quelle valeur! si troublante parfois pour sa
pauvre tête vidée de sa substance propre qu'elle
finit par la lui tourner, la tête...

L'homme ne peut se passer d'accorder de la
valeur, aussi ambiguë soit-elle, à la femme. Et
cela parce qu'il attend d'elle bien autre chose que
ce qu'il prélève sur l'esclave, le nègre et le bou-
gnoule. Ce qu'il veut d'elle c'est de la *reconnaissance*. Qu'il la fasse parfois suer sang et eau et
se tuer à l'ouvrage n'est qu'une conséquence particulière de leur type de relation et n'est nullement
déterminant. La reconnaissance ne saurait avoir
de prix émanant d'un être dénué de valeur. Si
certains finissent par s'émouvoir et tirer parti
de la reconnaissance du chien ou du serviteur,
c'est qu'ils n'ont vraiment rien de mieux à se
mettre sous la dent. Faute de merle...

Reconnaissance de quoi? De la légitimité du

statut de maître que les autres subissent. Si l'esclave, le nègre, l'Arabe ont été soumis, elle, elle doit *se* soumettre, c'est-à-dire finalement convertir le fait de l'oppression sur les autres en droit à l'oppression.

La soumission, qui chez l'exploité relève de la nécessité, doit donner chez elle l'apparence d'un acte libre, fruit du respect et de l'amour qu'elle éprouve pour le maître.

Si ça marche, et ça n'a que trop bien marché jusqu'à présent, le maître a de quoi être content, totalement content.

— La femme est soumise; une de plus.

— Il se sent dénué de responsabilité dans cette affaire puisque c'est elle qui s'est soumise.

— Elle devient, et c'est le plus important, sa complice fervente dans l'oppression du faible. Elle consacre enfin la valeur du maître qui jusqu'alors pouvait rester problématique.

Il est vrai que la femme a été aveuglée et corrompue par le pouvoir du maître. Il est vrai aussi qu'elle a été la complice la plus acharnée de l'homme fort dans toutes ses manœuvres de pillard, d'oppresseur, de tyran et d'assassin. Sans son approbation silencieuse ou active, le maître n'aurait jamais été le maître qu'il est.

Il faut donc que la femme reconnaisse l'homme dans sa dignité et sa grandeur d'homme. Reste la question de savoir à quoi l'homme va pouvoir mesurer la reconnaissance de la femme. Il ne pourra lui-même reconnaître cette reconnaissance que si la femme témoigne de sa dévotion envers lui par du *dévouement*.

Si la vertu de l'homme est la force, la vertu de la
femme s'appelle dévouement. Et ce qui opprime
la femme ce n'est pas tant directement la force
de l'homme que sa propre vertu qui est toujours
donnée comme sa plus haute valeur : le dévouement.

Ainsi, tout ce qui revient à la femme, soit culturellement, comme les soins ménagers et ceux des
enfants, soit naturellement comme la maternité,
doit être accompli par et avec dévouement.

L'homme sait se passer du travail de la femme
(il l'entretient volontiers à ne rien faire quand il
en a les moyens), il ne saurait se passer de son
dévouement.

Or le dévouement ne va pas de lui-même, ou
n'est pas tangible, s'il ne s'exprime quelque part
sous forme d'abnégation, de peine et de sacrifice.

Les conséquences sont alors faciles à déchiffrer. Il
a fallu que les travaux domestiques soient vécus
comme bas, ingrats, que les soins des enfants
soient portés comme peine et usure, que les règles
soient indisposition et souillure, la grossesse fardeau, l'accouchement l'image même de la douleur : comme le Christ par sa passion témoigne de
son amour des hommes, il a bien fallu que la
femme souffre pour témoigner de sa reconnaissance.

Reconnaître le statut du maître c'est aussi et
d'un même élan charger de valeur hautement posi-
tive le rôle qu'il joue dans la société et les fonctions
qu'il y exerce. Rien de ce qui est grand ne saurait
échapper à l'homme. L'homme et la grandeur vont
de pair.

Ainsi l'ensemble de ce que ne fait pas l'homme dans la société est indigne de lui. Si c'est indigne de lui, ce doit être parce que c'est médiocre, sale, douloureux, ingrat.

Mais comme les tâches, travaux ou faits sexuels de la femme sont nécessaires à la société d'une part et à la preuve de reconnaissance de l'autre, il faut bien que ces tâches soient dignes de quelqu'un; elles le sont donc de la femme.

C'est là que s'articule la dévalorisation de la femme et son statut d'infériorité, dans la dépréciation, le mépris, le dégoût de tout ce qui lui est, soit traditionnellement, soit naturellement imparti.

Le prestige des faits virils cautionne l'oppression du chef, du patron, du flic, du mari, du père et de l'amant. Le prestige des faits virils confine la ménagère dans l'ennui, la pauvreté, le sacrifice, convainc l'amante de dévotion et de « don » d'elle-même, impose à la future mère le fardeau de la grossesse, les affres et les douleurs de l'enfantement, bref force la femme au mépris d'elle-même, au rejet, au dédain de sa propre sexualité, l'empoisonne de répugnante humilité.

Ainsi c'en est fait, tout ce que touche la femme est dénué d'envergure et de poids véritable, tout ce que vit la femme dans son corps est souillure, peine, souffrance, perversité, et maléfique chair.

Alors, ASSEZ. Tant que nous n'aurons pas extirpé le poison qui est en nous, nous serons sans armes contre les empoisonneurs.

Et le premier ingrédient qui compose notre poison est notre valeur, capacité aux plus grands sacrifices, haute vertu du dévouement, généreuse puissance de l'abnégation et du silence.

Et le deuxième ingrédient de notre poison, qui n'agit véritablement que soutenu par le premier, est celui de notre beauté, non pas comme un fait incontestable, mais comme un ultimatum ancré en nous-mêmes. Si tu n'es ni jeune ni belle (les deux conditions sont exigées), tu n'es plus ou pas véritablement femme, c'est-à-dire *pour* l'homme.

Il n'y a pas de valeur indépendante et qui ne serve ceux qui la professent. L'homme dit seul ce qui vaut et ce qui ne vaut pas, ce qui est bien et ce qui est mal, ce qui fait du plaisir et ce qui fait de la douleur.

Si quelque chose est dénué de toute valeur, c'est bien l'ensemble des travaux domestiques, je veux dire de ceux qui s'effectuent dans la maison. Ils sont si bien dépréciés, ces travaux, que le domestique est celui qui est à la solde de, pour servir, lécher les bottes, flatter. Ils sont si bien dépréciés qu'ils ne comptent même plus comme travaux, qu'ils ne comptent plus du tout, au point que les femmes ne sauraient faire valoir qu'elles travaillent aussi à l'extérieur de la maison pour demander simplement à l'homme le partage de ces tâches. Une femme fait le ménage, lave le linge, comme elle fait pipi, assise, c'est comme ça.

Ils vont au restaurant, ils s'extasient quand le bifteck est tendre et les frites petites et bien dorées. Si ça a de la valeur c'est parce qu'ils paient. Moi j'achète chez mon boucher tout ce qu'il y a de meilleur et je leur nickelle des petites pommes de terre fraîches, exquises. Ils disent que

c'est bon, d'accord, surtout si je les sollicite un
peu, pas mauvais bougres au fond, mais moi je
vois bien qu'ils sont pas vraiment contents : dans
un sens ça leur fait ni chaud ni froid qu'il soit
bon mon steak.

Il faut dire maintenant tout ce que j'ai à dire...
J'ai si peur que je suis toujours tentée de différer,
de remettre à plus tard, de rêver seulement ce que
je sais.

Moi, femme, qu'on avait privée de tout ce qui
est censé avoir du prix, j'ai voulu, dans un
premier mouvement farouche, trouver, inventer la
valeur de tout ce qui n'en avait pas et m'était
attribué.

Il ne s'agissait là ni d'un caprice ni d'une
vengeance, mais bien du seul pari possible que
je pouvais faire. Je voulais le bonheur et la jouissance fervente de la vie.

Mais je ne voulais pas de ce bonheur de femme
qu'ils me proposaient. Ils me disaient, tu seras
heureuse tant que tu seras désirée, tant que tu
seras dispensatrice de chaleur et de plaisir. Mais
moi je me faisais une idée plus radicale du bonheur.
Ils m'assuraient du bonheur qu'il y a à en dispen-
ser. Moi je voulais d'abord le bonheur de vivre, moi
et pas quelqu'un d'autre, le bonheur d'aimer ce
que je toucherais, verrais, entendrais, mangerais,
éprouverais dans tout mon corps de femme, parce
que je voulais aimer, toucher, voir, entendre,
manger et vivre mon corps dans son propre
bonheur de vivre. D'abord ça et impérieusement
ça.

Il y avait du parti pris dans mon premier mouvement; il fallait que tout ce qui me revenait fût bon. Non pas bon malgré, ou bon à autre chose, simplement bon. Mais sans ce parti-là aurais-je jamais découvert que ces choses-là étaient bonnes, que leur valeur était si lumineuse qu'à son éclat les valeurs des hommes se décomposaient en grimaces grotesques et répugnantes?

Sans cela je n'aurais jamais su que le monde pouvait, que le monde devait être réinventé. Sans cela j'aurais continué à ignorer qu'il ne saurait y avoir jamais de révolution accomplie sans la dérision de toutes les valeurs du maître dont nous sommes imbibés.

Si c'est l'envie et le ressentiment qui décident de la lutte contre l'homme oppresseur, c'est peine perdue et sang gâché; l'autre maître à venir serait le même.

Si le maître doit être renversé, méprisé, bafoué, ce n'est pas parce qu'il détient à lui seul un bien qui devrait revenir à d'autres, c'est parce qu'il est seul à énoncer dans la dictature de ses pratiques et de ses paroles de fausses et haïssables valeurs.

Ce que je sais aussi c'est qu'il ne suffit pas d'inventer de nouvelles valeurs pour compromettre celles du maître.

Je sais bien que je ne peux rien contre les violences du maître, tout enrobées qu'elles sont du masque d'ordre, de justice et d'intérêt des

peuples, lorsque je parle d'autres valeurs que les
siennes, des valeurs jaillies de la vie et du droit
au bonheur de vivre.

Je sais bien que seules la colère et la détermination fraternelle des opprimés peuvent avoir raison
enfin de l'oppression du maître.

Mais le cœur, le cœur à l'ouvrage, qui nous le
donnera si nous ne l'attisons nous-mêmes? Il faut
du cœur au ventre de la colère et de la lutte.

Ce cœur est celui de tous les bonheurs qu'on nous
a volés, et qu'il faut réapprendre à vouloir.

Vivre est heureux. Voir, entendre, toucher,
boire, manger, uriner, déféquer, se plonger dans
l'eau et regarder le ciel, rire et pleurer, parler à
ceux qu'on aime, voir, entendre, toucher, boire
ceux qu'on aime, et mêler son corps à leur corps
est heureux.

Vivre est heureux. Voir et sentir le sang tendre
et chaud qui coule de soi, qui coule de source,
une fois par mois, est heureux. Être ce vagin,
œil ouvert dans les fermentations nocturnes de la
vie, oreille tendue aux pulsations, aux vibrations
du magma originaire, main liée et main déliée,
bouche amoureuse de la chair de l'autre. Être ce
vagin est heureux.

Vivre est heureux. Être enceinte, être citadelle,
hautement et rondement close sur la vie qui pousse
et se dilate au-dedans, est heureux.

Mais accoucher c'est vivre aussi intensément
qu'il est possible de vivre. C'est le somptueux

paroxysme de la fête. Expérience nue, entière de la vie. Accoucher est plus que tout heureux.

C'est le cœur au ventre de toutes mes révoltes, c'est la juste racine de mes indignations, c'est la terre originelle de la parole que j'essaie.

Mais encore, le lait qui monte vers la bouche de l'enfant et gorge douloureusement le sein est heureux. Et l'enfant, animal, avide qui tète.

Vivre est heureux. L'avons-nous jamais su? Le saurons-nous jamais?

Et pourtant il en est de ces beaux livres qui célèbrent la vie. Ainsi disent-ils, ainsi croient-ils. De ces livres qui fêtent la terre et le soleil, le rire et le sexe bandé, la main avide et puissante, la main forcenée et la main douce, le sperme éjaculé et la joie exaltée à l'assaut des obstacles, de ces beaux livres d'hommes acquiesçant au délire de vivre et d'être homme.

De ces beaux livres aussi qui parlent de maison et de pluie, de saisons et d'enfance, d'objets doux au toucher, de miroirs, de dentelle, de confiture et de silence, de lumières et d'odeurs, et ce sont livres de femmes, beaux livres de femmes où la ferveur du vivre est reconnue par-delà ou à travers même ces pauvres choses qu'on leur a laissées, faute de pouvoir les leur retirer.

Beaux livres d'hommes, et beaux livres de femmes, qui célèbrent la vie, voilà que vous me faites honte et colère de ce que vous ne dites jamais.

Livres de femmes surtout, si pleins de fièvre et d'extase, voilà que vous me torturez de remords

comme si je vous avais tous écrits. Le silence
auquel vous avez consenti, l'oubli, le rejet, le
dégoût, le dédain, la haine de tout ce que l'homme
avait oublié, rejeté, vomi, haï, c'est le reniement,
l'assassinat de vous-mêmes dans sa part la plus
vive, la plus vraie, la plus somptueuse.

Les hommes ont inventé le monde, renversé les
montagnes et tracé les sillons, ils ont dressé leur
sexe et bandé leurs muscles, ils ont fabriqué le
monde de leur sang, leur sueur, leur sperme, ils
l'ont coulé dans les moules de l'ordre, de la tyrannie et de l'oppression; et vous femmes, qu'avez-
vous fait?

Oh oui, je sais, vous avez souffert en silence,
vous avez saigné vous aussi, et bien sué, et pleuré
et gémi, mais ni vos larmes, ni votre sueur, ni
votre sang, ni votre courage n'ont jamais compté
pour rien. Vous avez accepté que tout cela ne
compte pas.

C'est difficile à dire, mais vous avez même
dégradé ce que l'homme vous accordait dans un
mouvement d'obscure répulsion-fascination, l'horreur de votre sang menstruel, la malédiction acharnée pesant sur votre gésine, l'écœurante nausée au
spectacle de votre lait.

Car vous, comment avez-vous répondu à ces
superbes condamnations et damnations? Qu'elle
fut triste et pitoyable votre réponse! Vous avez
fait de votre sang, de votre gésine, de votre lait,
des choses anodines, des choses de passage, de

pauvres choses à laisser de côté, à souffrir en silence, des choses à supporter, comme les maladies, les rages de dents, ou les boutons sur la figure...

Alors je sais qu'il y avait plus de vérité et moins de mépris dans le regard des hommes sur nous que dans celui que nous portions sur nous-mêmes, car à vrai dire nous n'en avons jamais porté aucun, nous avons détourné de nous-mêmes notre regard, nous nous sommes méprisées aussi loin qu'on peut mépriser, nous nous sommes laborieusement et systématiquement *gommées.*

Qui reprocherait maintenant aux hommes de n'avoir conçu de sexualité qu'à travers, par ou pour leur sexe, quand nous n'avons jamais rien fait pour percevoir le nôtre et sa propre sexualité?

Et pourtant, c'était si simple en un sens. Car nous en avions, un sexe, et chargé de tant d'événements, d'aventures et d'expériences, que l'homme aurait pu en pâlir d'envie. Et voilà que c'est nous, nous si riches, dont on a réussi à faire des envieuses! Mais qui, on? Nous, femmes, plus que quiconque, je le crains.

Le sexe ne vit, n'existe, que parce qu'il diffère de l'autre sexe. Bien. Que chacun des sexes tende à rencontrer l'autre. D'accord. Mais que la sexualité ne concerne que la quête des sexes, ou leur rencontre, non et non.

Comment appellerais-je mes règles, mon gros ventre, ma gésine, mon lait, sinon faits de mon sexe, comment appellerais-je tout ce que je vis par eux et à travers eux, sinon sexualité?

Quand ils ont parlé de la répression de la sexualité, c'est à la leur qu'ils ont pensé. Accessoirement
à la nôtre, lorsque trop de censures imposées à
notre sexe ont fini par contrarier l'heureuse expression du leur.

Nous n'avons jamais considéré dans notre sexe
que ce qui était pour l'homme ou vers l'homme,
ce qui le sollicitait ou le refusait. La part de notre
sexe qui lui revenait. Tout le reste est demeuré
muet. Souffert en douce, comme si cela ne devait
absolument pas compter, dans la honte et le
silence.

Et nous nous plaindrions d'être des objets, alors
que nous n'avons jamais rien fait pour être des
sujets? Nous les avons toujours tout laissé dire.
Pire, nous avons accepté de taire tout ce qu'ils
ne disaient pas, tout ce qu'ils ne *pouvaient* pas
dire, étant hommes. Notre confiance en eux a été
si idolâtre et si bête que nous avons ainsi interprété
le silence sur ces choses qui nous concernaient
intimement : puisqu'ils n'en parlent pas, c'est
qu'il ne faut pas en parler; s'ils n'en disent rien,
c'est que c'est indigne du bonheur de vivre et
d'explorer le vivre.

Ils n'ont jamais chanté que leur propre chanson.
Avons-nous jamais tenté de leur faire entendre la
nôtre?

A quoi bon stigmatiser indéfiniment Freud ou
Miller ou Bataille, lorsqu'ils pensent toute la
sexualité à partir de leur sexe, et à travers lui
seulement, si nous sommes obstinément sourdes
aux questions que pourtant ils nous posent? Pour

qui veut bien les écouter plus profondément que dans l'hostilité, il y a dans leurs accents, leurs angoisses et leurs incertitudes, un appel véritablement pathétique de la femme. Non pas l'appel du désir sexuel, quoique peut-être porté par lui, mais l'appel d'une voix de femme, d'une personne de femme, la volonté obstinée de percer un secret que nous seules pourrions leur découvrir, et que nous ne cessons de tenir caché, pire, oublié dans l'indifférence et le mépris de nous-mêmes.

Ils ont inventé toute la sexualité dans le silence de la nôtre. Si nous inventons la nôtre, c'est toute la leur qu'il leur faudra repenser. Les hommes n'aiment pas les femmes, pas encore, ils les cherchent, ils les désirent, ils les vainquent, ils ne les aiment pas. Mais les femmes, elles, se haïssent.

Je ne sais si je porte en moi la forme de la féminine condition. Je dis « je », faute de pouvoir dire « nous » ou « elles ». Je ne sais si d'autres pourront se reconnaître dans ce que je rapporterai comme mon expérience.

Je ne sais qu'une chose certaine, et je la sais bien, c'est que c'est là où je cherche qu'il faut chercher, dans ce que j'essaie de dire qu'il faut essayer de lire, le fondement le plus radical de notre oppression. Nous sommes bien plus fâchées avec nous-mêmes que nous ne le sommes contre les hommes. Tant que nous ne serons pas réconciliées avec nous-mêmes, et d'abord avec notre corps, nous serons emportées et complices dans le triomphe oppresseur d'un monde viril désenchanté.

Quand j'étais une enfant, quand je n'avais ni seins, ni règles, ni poils au pubis, je n'avais pas de corps. Non, je n'avais pas de corps. J'étais indifférenciée. Ma mère, mon père, mes frères, mes petites amies, la terre, l'herbe, les fruits, la pluie, avaient un corps, moi pas. L'émotion, le trouble

sexuel me traversaient souvent, me hantaient
parfois au toucher, à la vue de certains corps, mais
jamais je ne rapportais ça à moi-même. Je me
disais *ils* sont troublants, et même, comment
peuvent-ils porter ce trouble sans arrêt avec
eux, comment peuvent-ils rire, travailler, paraître
détendus, dormir, avec ces fesses, cette poitrine,
ces poils sous les bras, ce sexe, toujours avec
eux? Je ne me disais jamais, je suis troublée.
J'étais entourée, envahie, agressée, enchantée de
corps; mais moi? rien.

Chaque fois que j'ai voulu parler de mon
enfance, de moi enfant, je n'ai trouvé que le
décor, l'entourage, la configuration des êtres, des
maisons, des jardins. La vue d'un de mes livres
d'enfant, une robe de ma mère sortie d'une
malle, le goût de la colle fraîche, les brumes
irisées de l'automne, une toile cirée qui adhère
à la table de bois, me plongent dans l'abîme
exquis de mon regard d'enfant; je suis dans
l'enfant que j'étais plus profondément que je n'y
fus jamais. Mais de cela je ne peux rien dire.
J'étais le lieu d'une intensité qui n'avait pas plus
la forme de mon corps que celle d'une pensée.

Quand je redescends là, de nouveau je n'ai plus
de corps, je n'ai plus de pensée. Quand les corps
d'autrefois me prennent sous le charme, je reste
sans voix.

Un jour, il y eut une tache de sang brun sur
ma culotte petit-bateau. J'étais au courant de

ces choses. Je ne fus ni terrifiée ni même surprise. J'attendais ça depuis plusieurs mois, j'enviais celles qui étaient « formées », convaincue qu'elles détenaient un secret qui m'était encore refusé. Je savais de plus que les règles annonçaient la possibilité de faire des enfants. J'attendais ça comme j'attendais de vivre dans l'ordre qui était le mien : les hommes faisaient un métier, et les femmes des enfants; aussi simple que ça.

Et pourtant, vrai, quand je vis cette petite tache au fond de ma culotte, je n'en revins pas. Et si je n'étais pas surprise, je me sentis néanmoins frappée d'une réelle stupeur. Je tremblais si fort que je dus m'asseoir sur le bord de mon lit. Ma culotte était baissée, entre mes genoux, et je ne sais quel long temps je dus rester là pétrifiée, fixant la petite tache d'un regard incrédule.

J'apprenais que j'avais un corps, que j'étais comme les autres, que moi aussi j'avais une densité propre et recelais du trouble. Une force venue de l'extérieur s'attaquait maintenant à moi et me travaillait de l'intérieur, sans que j'y pusse rien.

Au fond, jusqu'alors je ne m'étais jamais étonnée du fait qu'il y eût des femmes et des hommes. Cela devait m'apparaître comme une commodité, une sorte d'arrangement tacite entre les êtres. Ce que je découvrais était tout autre. Je voulais être « réglée » pour être éclairée sur un secret détenu par les adultes. J'étais mise soudain *dans* le secret. Oui, dans le secret, dans la nuit obscure et le silence du secret. Pas éclairée, bien au contraire, mais pleine soudain d'un ténébreux mystère, pas allégée, mais chargée d'un corps, traversée de forces, de fermentation, de puissances qui m'échappaient.

La première fois, ça s'est passé sans douleur, sans rien, dans une sorte d'hébétude. Une vingtaine de jours après l'événement, j'ai été prise soudain d'une agitation fébrile, irréfléchie : il ne faut pas, il ne faut absolument pas que *cela* revienne. Et pourtant j'étais fière d'être femme, j'aimais que les autres, ma famille, mes amies, le sachent. Et pourtant ce sang ne m'avait inspiré aucun dégoût particulier. Alors pourquoi cette révolte brutale à l'idée que ça allait recommencer? C'est seulement maintenant que je peux proposer un sens à ce refus : je ne voulais pas de corps.

Ce que je fis alors est véritablement insensé, compte tenu de la normale raison de mes treize ans. J'avais entendu dire, au lycée, à la campagne, je ne sais plus, qu'à l'approche des règles il ne fallait surtout pas se laver à l'eau froide, et particulièrement (pourquoi?) les pieds; ça empêchait les règles de venir. Pendant plusieurs jours, je m'enfermai chaque jour dans la salle de bains, trempant mes pieds dans une cuvette d'eau glacée, que je prenais soin de renouveler fréquemment pour éviter le réchauffement de l'eau, et je restais là une heure, deux heures peut-être, obstinée, farouche, jusqu'au moment où, par engourdissement sans doute, le froid ne me faisait plus mal. Là je m'arrêtais, jugeant qu'au-delà le trai-

tement serait inefficace; si ça ne faisait plus mal,
ça ne pouvait plus servir à rien.

Les règles vinrent le trentième jour. Et la
douleur s'empara de mon ventre, folle, insupportable. Je me tordais sur mon lit, je me dressais
haletante, je retombais, je disais, non, non, je
vomissais, cela me soulageait quelques secondes,
puis ça remontait, ça m'envahissait de nouveau,
je faisais quelques pas de forcenée autour de la
chambre, je m'écroulais de nouveau sur le lit. Je
n'étais plus que l'énorme révulsion de mon ventre.

J'étais alors une enfant chrétienne exemplaire;
toujours prête pour l'humilité de la prière et le
sacrifice enthousiaste. J'étais convaincue de la
très haute valeur d'échange de la douleur. J'offre
ma douleur à Dieu, je lui dis, au besoin, continue
de me faire mal si tu le veux, je lui dis merci,
merci mon Dieu, et lui alors m'inonde de son
amour, de sa pitié, pardonne quelques péchés des
hommes (ceux des autres surtout, moi j'en faisais
si peu...), et la douleur se convertit alors en superbe
générosité. Pour moi qui n'avais jamais vraiment
souffert, c'était l'occasion inespérée de mettre en
route le sublime processus.

La pensée m'en vint alors, comme sur la crête
de mes crampes, et elle revint chaque fois par la
suite quand la douleur des règles s'emparait de
nouveau de moi. Eh bien, jamais, jamais je n'y
parvins. Je me disais : ça ne te coûte rien, vas-y,
tu n'as qu'à dire un mot, qu'est-ce que c'est qu'un
mot auprès de ce que tu souffres? ouvre la bouche,
dis-le... Jamais le mot ne sortit. De ma gorge,

de tout mon corps, de toute ma tête, ne pouvait plus sortir qu'un mot toujours le même, non, non, non. Et le mot qu'il aurait fallu dire était oui.

Mais ce oui-là était un oui vicié et corrompu. Le oui que je dis maintenant à mes règles est tout autre, ce n'est pas un oui sur un non, un oui avec ou malgré un non, c'est un oui sans non, seulement un oui. Maintenant j'éprouve le travail de mon ventre, j'écoute son obscure et patiente besogne, mais je ne SOUFFRE plus. Si vous n'entendiez pas *souffrance* lorsque je dis *douleur*, je pourrais dire que je suis douloureuse lorsque viennent mes règles, ne serait-ce que pour suggérer la réalité des pressions, tensions, écartements, qui peuvent s'éprouver alors. Mais me comprendrez-vous si je vous dis qu'il y a des douleurs que l'on veut, des douleurs qui ont le goût brûlant du bonheur? Non, vous ne me comprendrez pas vraiment. Même dans ma tête le mot douleur est empoisonné. Il ne cesse de se dégager de lui un relent de soufre, de mal, de malheur.

Il y a deux façons de convertir en souffrances intolérables (en souffrances insouffrables : folles tentatives pour souffrir, supporter, surmonter, ce qui ne peut l'être) le labeur d'un ventre de femme, par le non de mes treize ans, semblable au non des femmes hurlantes dans l'accouchement, ou par le oui moral qui fait de ce labeur une croix à porter au nom d'un bien supérieur.

Ni le non de la haine et de la révolte ni le oui

sublime de l'agneau sacrifié ne parviennent à
s'écarter, à se tenir ailleurs que dans ce qu'ils
prétendent dépasser. Parce qu'ils *veulent* l'un
et l'autre que le puissant labeur soit souffrance.
Dire non ou oui de cette façon c'est toujours
vouloir souffrir. Que la victime soit rebelle ou
consentante, elle est victime. Elle se déchire, s'écar-
tèle, se maltraite. Un véritable délire s'acharne
à fonder une souffrance, à se maintenir en elle,
coûte que coûte, furieusement.

Certaines femmes, j'en connais, pourraient dire
que je fais beaucoup de bruit pour RIEN. Que
règles ou pas règles, c'est pareil. Ce n'est pas à elles
qu'on peut parler de souffrance, de non ou de oui
sanctifiant; elles ne *sentent* rien. Même pas l'écou-
lement tiède et comme sucré du sang; des adeptes
inconditionnelles du tampax, des femmes modernes
« libérées » dit la publicité. Dès la première goutte
de sang, on enfonce, rien de plus simple, le bou-
chon de coton. Le sang maintenu alors dans un lieu
insensible est *stricto sensu* refoulé dans de l'in-
conscient. Plus seulement caché, mais oublié, ense-
veli. La brèche est colmatée. L'occlusion est
totale.
Il y aurait beaucoup à dire sur le tampax, et
l'ampleur véritablement littéraire des textes publi-
citaires qui vantent ses vertus. Aussi femme, autant
vous-même que les autres jours, votre secret sera
ignoré de tous et même de vous... Être femme,
c'est n'avoir pas de règles. Être femme, c'est n'être

pas femme quand les signes en seraient trop évidents.

Les publicités de produits féminins se contentent généralement d'une image, d'un mot clé, d'une formule érotiquement ambiguë; là non. On ne peut ni montrer, ni suggérer, ni éveiller le désir, il faut convaincre, expliquer, justifier, raisonner. Mais laissons ce triste instrument, faute de pouvoir, faute de vouloir l'abolir.

C'est vrai que c'est commode. Je peux nager, mettre mon pantalon collant, sans que les autres sachent (quand j'étais jeune et vierge, je me disais, il pourra me caresser à travers mes vêtements, sans savoir), plus de risque de tache, plus de risque d'odeur. Car il en a une odeur ce sang de femme, mais ça n'est peut-être qu'une odeur épaisse de sang, et sans doute la plus généralement, la plus profondément répugnée. Plus que celle du lait, plus que celle du sperme, plus que celle de la sueur, beaucoup plus que celle de nos excréments. Je sais trop quel dégoût, quelle répulsion je peux inspirer avec mon sang, alors je mets un tampax. C'est commode, commode. Comme ça on n'en parle plus. (Mais savez-vous bien ce qu'il me faut braver pour parler de ce sang?)

Alors, ce que je pense des femmes qui ne sentent rien quand viennent leurs règles, c'est qu'elles ont été, et qu'elles se sont radicalement tampaxisées, bien avant leur premier tampax. Leur sexe ne peut pas, ne doit pas exister en tant que sexe, c'est-à-dire différent. Une adolescente qui n'éprouve rien de particulier au moment des règles, ça m'a tout l'air d'être de la bonne graine de femme frigide. Il y en a d'autres, des graines de femme frigide (j'ai commencé comme ça, moi qui par ailleurs souffrais le martyre pendant mes règles); celle-là me paraît particulièrement tenace.

Il y a tellement de façons de refuser son corps, lui faire violence, le sanctifier, l'oublier... Comment mieux se débarrasser de son corps par exemple, qu'en l' « offrant »?

Les petites filles n'ont pas de sexe. Ce qu'elles découvrent, entrouvrent, sans jamais le voir, du bout de leurs doigts anxieux, n'a pas, n'a jamais de nom, est véritablement innommable. Le sexe du petit garçon, quelle que soit la répression qui très vite l'accable, a été vu, touché, manipulé, saisi isolément, nommé surtout, peu importe comment, pipi, zizi, quéquette, petit robinet, mais nommé.

Ce que les adultes font avec le petit garçon, jamais ils ne le font avec la petite fille. Le clitoris, le vagin ne sont jamais, et d'aucune façon repérés; ni visuellement, ni tactilement, ni verbalement. D'emblée, ce que sa main aveugle appréhende c'est de l'innommable; de la honte, du caché. Sale, dégoûtante, méchante.

La petite fille se découvre dans la répugnance.

Si elle veut survivre coûte que coûte, si elle veut la joie, le rire et les baisers, elle n'a qu'une solution, oublier. C'est très facile.

La petite fille est née, expulsée de son propre corps. En guise de corps : des boucles, une frange, des souliers vernis, de jolies robes.

Je ne sais comment le petit garçon éprouve son passage à la puberté. Indépendamment des remous psychologiques qui peuvent l'accompagner, est-ce autre chose pour lui qu'un phénomène de croissance d'heureuse maturation? Rien de semblable, rien d'aussi simple, évident, chez la petite fille. Sa puberté la ramène de force à ce qu'elle a, en général, voulu obstinément oublier. Ce sang épais suintant de l'invisible et innommable lieu révèle de façon crue et brutale une image tangible cette fois de tout ce qu'elle s'était appliquée à rejeter, cacher, oublier, comme pervers. Soudain elle voit, de ses yeux humiliés, elle sent, de ses narines confondues, quelque chose qui ressemble si fort et si étrangement à ce qui a été banni, qu'elle saisit ce sang comme un signe irrécusable, le nom enfin trouvé, de son infamie.

Ce sang périodique est l'image douloureuse, répétitive, lourde d'insinuations maléfiques, de ce que l'enfant avait conçu comme devant être oublié, son sexe.

Le sang menstruel est sans aucun doute la part de leur sexe que les femmes considèrent comme la plus indigne, la plus humiliante, celle qu'elles haïssent le plus, même si d'autres (l'accouchement surtout) leur paraissent infiniment plus pénibles, plus redoutables.

En effet ce sang leur apparaît sous forme d'humiliation gratuite, injustifiée, injustifiable. Tout le reste de leur sexualité (qu'elles n'aiment pas et méprisent en tant que telle), elles finissent par le tolérer, le vouloir même parfois, comme le mal nécessaire d'un bien supérieur.

Dans les rapports sexuels le vagin retrouve, ou plutôt découvre, une sorte de dignité puisqu'il est POUR l'homme, le lieu de son plus haut plaisir. Les peines de la grossesse, les affres et les douleurs de l'enfantement valent pour l'enfant, pour le père, pour le rôle social de la mère, le lait vaut pour l'enfant. Ce sont des choses conçues comme misérables en elles-mêmes, mais qui trouvent ailleurs un statut de grandeur, compte tenu de ce à quoi elles SERVENT.

Le sang menstruel, lui, ne sert à rien. Ni à l'homme, ni à l'enfant, ni à la femme « indisposée ». Pire, ce sang accuse lui-même sa vanité. C'est du sang qui n'a pas servi, qui aurait pu, qui aurait dû servir. Alors ce sang qui coule est doublement maudit, et la femme qui saigne doublement perdue. Honte du sexe révélé, accusation du sexe inutile.

Étant entendu qu'un sexe de femme n'a d'autre valeur que celle de ses services.

Alors je dis qu'un sexe a la valeur de ce qu'il vit, de ce qu'il appréhende. Encore faut-il savoir qu'il vit, qu'à travers lui une étrange rumeur s'épanche.

Quand j'eus treize ans, et jusqu'à l'âge de vingt-deux ou vingt-trois ans, mon corps revint, treize fois par an, me harceler. Prise au piège, je ruais pour m'échapper, me blessant toujours davantage à l'évidence, m'assommais de cachets qui enfin me faisaient disparaître au fond d'un sommeil sombre, oublieux. Les vieilles fées de la famille disaient, ça te passera quand tu te marieras. Je traduisais, quand je ne serai plus vierge. A vrai dire, je n'y croyais pas. Une obscure certitude; une idée, comme ça.

A dix-huit ans, par là, j'entrepris de ne plus être vierge. Je me disais, il est temps maintenant de ne plus être vierge, comme cinq ans auparavant, il est temps maintenant d'être réglée. Mais le cœur n'y était vraiment pas. Non, pas le cœur du sentiment; pour ça il y avait ce qu'il fallait, peut-être plus qu'il ne fallait. Le cœur au ventre veux-je dire.

Je souris au souvenir de ce qu'on disait alors de moi dans ma banlieue, que je n'étais pas une fille sérieuse. Moi! pas sérieuse! J'avais le sérieux d'un soldat de plomb, raide, déterminée, prête à toutes les épreuves, mue par la puissante mécanique d'une idée fausse : si je voulais être promue au rang de femme, il fallait passer par là. Moi qui semblais guidée par mes sens... Un seul sens en vérité me conduisait, et c'était celui du devoir.

Ce fut terrible. La douleur des règles auprès de ça faisait pâle figure. Atroce. J'ai appris par la suite que ça avait un nom, je ne sais plus bien lequel, « contractions vaginales »? Mais le brave et stupide soldat que j'étais ne se décourageait pas pour autant. Ce n'était pas du plaisir que je venais chercher, mais le statut de femme et sa reconnaissance. La fulgurante douleur ne changeait rien à l'affaire. Je ne sortais pas de là, une femme ça fait l'amour, il faut faire l'amour, le plus souvent possible, pour être une femme, la plus réussie possible. Alors j'y retournais, chaque fois que j'en avais le courage, non comme la vache va au taureau, mais comme elle va à l'abattoir.

... Les pauvres. Les imbéciles égoïstes aussi. Pas un à cette époque ne me posa de questions sur cette furieuse résistance, ne chercha à voir plus loin, ne se proposa de me sortir de là. Ils se taisaient. Ils avaient l'air de penser qu'avec moi c'était pas de la tarte, mais c'est tout. A l'époque, je trouvais ça normal qu'ils ne disent rien; plutôt gentil même. Parce que dans un sens je leur en faisais baver à eux aussi; il leur fallait une sacrée énergie pour arriver à coucher avec moi. Ils suaient sang et eau. Bien que je fusse consentante, tout ce qu'il y a de plus consentante, demandante, et cela pendant près de cinq ans, tout homme qui s'efforça de coucher avec moi ne put y parvenir (certains durent abandonner la partie) qu'en me violant. Qu'en pensaient-ils? Savaient-ils ce que j'endurais? Il n'en fut jamais question.

Nous parlions toujours d'autre chose. Moi surtout, avec une obstination que je mesure seulement maintenant. Je ne parlais que de mon enfance, de ma mère que j'avais perdue à douze ans, de ma petite sœur, secrète, hantée, douloureusement aimée, du lycéen aérien de mon enfance, des promesses de voyage portées par les hauts arbres de la cour, des maisons, des jardins, des terres de mon enfance. Je n'avais de voix que pour ce temps béni où je n'avais pas de corps. A vrai dire, je ne concevais pas qu'on pût vivre et se déplacer ailleurs que

dans ce lieu originel. Je n'aimais les hommes que
pour les amener à pénétrer cette terre que je
n'avais jamais quittée.

Quel long chemin il m'a fallu faire pour venir
jusqu'à mon corps et me concilier à lui. Si je per-
çois désormais le sens de mon adolescence heurtée,
réactionnaire, je n'appréhende qu'obscurément la
force qui m'en détourna et me mit sur une autre
route. Peut-être quelque chose comme un appétit
irrépressible de bonheur. Dans l'enfance, rien
n'était plus facile que le bonheur. Le monde était
de grâce, et moi j'étais désincarnée. Le malheur
vint avec l'adolescence quand il me fallut tourner
toute mon énergie contre mon corps. Même dans
les périodes de repos, où je ne souffrais ni les brutales contractions des règles ni la torture de la
pénétration sexuelle, je n'étais plus en paix. La
mauvaise humeur me rongeait. J'étais malheureuse, sans savoir de quoi. Malheureuse aussi de
ne plus être heureuse comme je l'étais avant, dou-
tant même de l'avoir jamais été, puisque je ne
l'étais plus, sans être pourtant accablée d'aucune
misère particulière.

Ce qui me sauva fut peut-être de ne jamais
tourner mon malheur en ressentiment contre la vie.
S'il m'arrivait de flatter mon malheur de tendresse
romantique, de prendre des airs d'infante, une
tulipe aux doigts, égarée dans le parc de la mélan-
colie, je sombrais vite dans le sentiment redoublé
de ma misère. J'étais à ce jeu-là pitoyable, ridicule.
Ce n'était pas un bon cheval que celui-là. Je le
savais.

J'aimais rire plus que tout. Et danser. Et rire encore. Mais j'admettais sans doute que c'était là se distraire, comme on me l'avait dit. Pourtant je n'ai jamais cessé de pressentir que j'étais bien plus près de ce qu'il fallait trouver lorsque mon corps sans rime ni raison fêtait la vie.

Il est vrai aussi que je fus prise d'un goût furieux pour la philosophie, tant que j'ai cru qu'elle lèverait mon malheur. J'eus d'exquises envolées, de sublimes extases. Mais je désapprenais cela seul que je savais, rire et danser. L'air ambiant du malheur devint fétide, irrespirable. J'eus le bon goût alors de penser à autre chose qu'à moi. Bien forcée en quelque sorte. La guerre d'Algérie finissait dans un vacarme pour moi inintelligible. Mais quel pressant vacarme! Que savaient-ils donc qui leur donnait la fièvre et cette étrange vigueur? Que savaient-ils donc que j'ignorais tant? Je découvris à quel point j'avais été distraite. A quel point on avait toujours travaillé à ma distraction, et à quel point j'y avais acquiescé.

Mais je dissèque ce temps, je suppute les étapes qui *me* conduisirent de ce malheur d'hier à cette vie d'aujourd'hui... Qu'importe au fond? Qui me demande des comptes? Projet vain et mensonger, projet essentiellement bourgeois que de vouloir rendre compte d'une vie, et non de la vie. Imbécile, je cherche ce qui a été acquis pour me mener à la vie, ce dont j'ai « profité », ce que j'ai « gagné » au cours des années... Pitoyable calcul, dont l'intérêt est nul. Autant me demander comment je suis passée de l'enfance éternelle au temps de mon

corps, de la poésie des chimères à la vie, de l'irréelle transparence à l'intensité de la terre, de tous
les oripeaux du silence forcé à la nudité de la
parole... Non, ce n'est pas ça qui est important.

C'est le malheur d'être femme, rien, gommée,
étouffée. Mais pis encore d'être à la fois l'objet,
le lieu, la main du sacrifice. Ce qui est important
c'est le pantin, paralytique et muet, le pantin
toute souffrance, que j'étais. Et ce qui est important, c'est la promesse d'être femme comme je le
pressens.

La terre parle. La vie l'entend. La vie saigne,
éjacule, la vie jouit, la vie accouche, la vie coule
sa sueur, ses larmes et ses rires, la vie épanche
son lait obscur. La vie est notre plus profonde
oreille.

Mais l'oreille de la femme est ce labyrinthe qui
cache, enfouit, ce que nul ne veut entendre. Ce
qui se terre au fond du labyrinthe, on le dit monstrueux, on le dit mi-homme mi-bête, on le dit
dévorateur, on le dit maléfique. L'homme des
conquêtes, des héroïsmes claironnants de l'épée,
l'ennemi juré de la nuit et son profanateur, le
fanatique du jour et des ordres tyranniques,
l'homme du pouvoir, de la maîtrise et de la loi,
l'homme-Thésée s'applique à occire définitivement
le monstre encore trop vivant, trop menaçant dans
son gouffre d'oubli.

Puis il rejette Ariane au rivage de Naxos comme
la peau vidée du monstre. Et, revenu parmi les

siens, Thésée fonde un empire sur cette action d'éclat.

Mais voilà. Avant de rejeter Ariane, Thésée a dû jeter en elle la seule part de nuit, de vie, de monstre qui l'apparente douloureusement à elle, son sperme. Un monstre minuscule, mi-homme mi-bête, le microconcule virus de la vie, se met à rire dans le ventre d'Ariane. Ariane l'entend et elle rit avec lui. Ariane. Il y a tant de lumière au bord de ses paupières closes.

Ariane. Les limites de son corps lui sont exquises, là où commence le sable qui la porte et là où touche le soleil. Miracle; son corps est clos, achevé. Douceur de cette peau d'un seul tenant où la vie se trouve tout entière retenue; parfaite. Certitude si évidente et pourtant jamais encore reconnue...

Ariane. Son corps est une spirale reliée à elle-même, jusqu'au cœur obscur, au nœud premier, à l'origine. Son ventre rond tient toute vie à venir.

Dionysos, ce dieu dont les hommes ne veulent pas, mais qui hante les femmes, Dionysos, le deux fois né, qui seul aime la vie et les ventres de femme, qui seul danse la vie au lieu de la porter, Dionysos se penche vers Ariane, et glisse à son oreille un petit mot, un seul, lisse et tourné comme une alliance... Oui...

Ariane, éternelle fiancée de Dionysos.

Mais non je ne m'égare pas. Je tiens mon fil, je le tiens bien. Remonter jusqu'au monstre dévorateur des ténèbres. Le voir, le toucher, l'entendre enfin. Il parle...

Mon corps accompagne les grandes pulsations rythmées de la vie. Il est le lieu de passage d'un mouvement qui le dépasse de toute part, mais qu'il éprouve intimement. Mon corps revient à lui-même par un cycle de métamorphoses. Son appréhension du temps est circulaire, encore que jamais close ou répétitive. L'événement qui le scande, tout archaïque qu'il soit, n'en est pas moins irruption, naissance. Le printemps retourne au printemps et l'hiver à l'hiver, non comme une répétition, un rabâchage de l'impuissance, mais comme une inspiration nouvelle où la mémoire s'épouse.

Les hommes, pour autant que je puisse en juger, ont une appréhension linéaire du temps. De leur naissance à leur mort, un segment de droite leur est imparti. Rien dans leur chair ne témoigne de la courbure du temps. Leurs yeux, leur pouls négligent les saisons. Ils ne voient que l'Histoire, ils ne se battent que pour elle. Leur sexe se bande, se tend, éjacule, et retombe.

Ce qu'ils lisent dans cette éjaculation est la terrible dialectique de la vie et de la mort. Ce qui les fait vivre les fait mourir. Ils n'échappent à la mort que par une vie nouvelle qui les tue à son tour. Temps absurde. Don Juan ne se tire de la mort que par l'aventure nouvelle qui à son tour l'abandonne. Son culte de l'instant lorgne l'éternité. Mais tragiquement il répète. Sa mort a vraiment le goût horrible du néant. A cette absur-

dité du temps qui est le leur, je les vois répondre
par le fanatisme de l'Histoire. Conquêtes, possessions, accumulations, profits, héritages, sciences et
techniques, conquêtes, conquêtes...

C'est d'un autre temps et d'une autre aventure
que me parle mon corps.

Treize fois par an je parcours les boucles de mes
cycles. Parfois mon corps est ce que j'oublie le
plus. Hors de la douleur ou du plaisir de ma chair,
je vais, je viens, je travaille, je parle, et mon corps
s'abstrait. Quand mon corps redevient ma plus
vieille habitude, je le quitte. Mais si je ne sais plus
me souvenir de ce qu'il m'a appris lorsqu'il était
là, alors je ne crois plus de lui que ce qu'en disent
les autres : DU MAL.

Parfois mon corps est là.

Dix, douze jours avant la venue des règles, mes
seins gonflent, se durcissent. Le phénomène semble
suivre chez moi la période d'ovulation, de fécondité donc. Je ne peux affirmer qu'il en soit toujours
ainsi puisque d'autres disent connaître ça pendant
les règles elles-mêmes ou juste avant. A vrai dire
je ne sais rien de l'origine physiologique de ce qui
s'éprouve. (Mais la science ne nous parle jamais
que du corps insensible, de ce qu'il y a d'insensible
dans la sensibilité elle-même.) Autre chose m'occupe.

Le mamelon est alors tendu, rouge vif, d'une
sensibilité extrême. Le moindre contact le crispe,
le durcit encore davantage. On peut dire, c'est

ce qu'on se dit entre copines, j'ai mal aux seins.
En particulier, quand on craint de ne pas voir venir
ses règles, et qu'on cherche à apprécier le moindre
signe prometteur (bernique. Les seins peuvent être
affectés de la même façon en début de grossesse),
on se soupèse les seins, on les tâte, on les presse
avec une sollicitation inquiète pour les forcer
d'avouer qu'ils ont mal, on dit, on répète, pas de
doute j'ai mal aux seins. Mais ce n'est pas ça. On
n'a pas mal aux seins on les *sent*. Ils sont vifs, éveil-
lés, accessibles à de mordantes douleurs, mais pas
douloureux. Car ils sont accessibles à la caresse aussi,
bien plus que d'habitude; continuellement en ins-
tance de caresse. Étrangement accessibles au plaisir.

Quand j'attends les règles, j'ai des seins amoureux, avides, aigus. Cette sensibilité des seins est
une sorte d'excellence du corps, le dessin extrême,
appuyé, de son contour. L'intensité du corps habi-
tuel est comme un vide implicite. Ici l'intensité
informe le corps d'un dessin exquis. Mon corps se
parle et se dit à lui-même.

Juste avant la venue des règles, le ventre est
lourd, barré, pressant. Pas du tout comme dans
la grossesse où il est véritablement aérien, mais un
peu comme dans les tout derniers jours de la
grossesse, où le bébé a déjà forcé le canal, et pèse
en bas, prêt à sortir. Tension avant la rupture,
concentration avant le passage. Moment amer,
non comme un remords, mais comme une amande
qui n'est pas douce. Mon corps est fort mais fermé
comme un poing. Je suis une aussi, et rien d'autre.
Comme une pierre sur le chemin. Hasard absurde

et nécessité brutale. La vie n'est pas alors un fleuve qui coule et me traverse, elle est MA vie, une solitude, un caillou. Ailleurs le monde est vaste, rouleur d'infinité de molécules, de galaxies et de soleils. Je n'en sais rien. D'ores et déjà je suis exclue.

Quand viennent les règles enfin je me dilue, je m'abandonne. Et s'il est vrai que je ne suis ni souffrante, ni particulièrement fatiguée, toutes les activités habituelles qui m'expulsent de mon corps dans le monde des autres, travaux ou loisirs, exercent alors sur moi une contrainte, qui sans être douloureuse n'en est pas moins cruelle. Parce que j'ai envie d'être ici, seulement ici, gorgée d'humeurs, attentive.

Pour être comme les autres jours quand le sang coule de mon vagin, je dois m'imposer la négligence de mon corps qui m'appelle, me sollicite. Je dois me refuser ce qu'il me demande, le silence, la pensée douce de toute présence, une part précieuse de bonheur. Je me mets un tampax, je prends un cachet qui absorbe dans un lieu désormais insensible les vagues intérieures, les tendres ébranlements de l'organisme, et je fais comme d'habitude, les courses, le boulot, la cuisine, le cinéma, les amis; le tour est joué. Mais moi je suis de mauvaise humeur; comme chaque fois que je ne suis pas là où on m'attend.

Il y a une mauvaise humeur féminine dont l'envergure, la profondeur, laisse loin derrière elle

tous les accès possibles de mauvaise humeur masculine aussi agressifs soient-ils. Pas besoin de
statistiques pour constater que les femmes sont
bien plus fréquemment et radicalement de mauvaise humeur que les hommes. Si je m'amusais à
faire de la psychologie différentielle des hommes
et des femmes, c'est d'abord ça que je dirais, les
femmes sont de mauvaise humeur.

Plus elles sont déplacées d'elles-mêmes par la
surabondance de tâches ménagères ou par le
modèle de femme réussie qu'on leur impose (surtout quand s'éloigne la possibilité de s'y confor-
mer parce qu'elles sont ridées, flétries, rhumati-
santes, alors qu'on les veut jeunes, belles et
florissantes), plus la mauvaise humeur les ronge. Et
ronge leur entourage. Les femmes sont de mauvaise humeur parce qu'elles sont mal dans leur
peau, ou plutôt parce qu'elles n'y sont pas, et
mêlent bizarrement une sournoise culpabilité vers
l'intérieur et une haine diffuse vers l'extérieur.
Fâchées avec elles, fâchées avec les autres, amies
de rien ni de personne. Hideuse mauvaise humeur
féminine...

Mais quand j'ai mes règles et que je me laisse
faire comme je veux, c'est le moment le plus
tendre, élémentaire, de ma conciliation à la vie.
Je m'allonge sur mon lit, dans l'herbe, sur le
sable (temps heureux des vacances!), je délie mes
membres, mes muscles engourdis, je ferme les
yeux. Mon ventre coule une tiède salive, un lait
obscur. La vie s'épanche en vagues effleurées
comme la mer paisible. Je touche la laine rêche

de la couverture, l'herbe concise, le sable immense et minuscule. Je suis ce doux sang qui me quitte. Moi, plus moi. Le monde existe. Je m'y dilue dans l'infinité de la présence. Enfin je ne suis plus personne, ni une petite personne intéressante ni une grande personne affairée, personne. Je suis la continuité de la vie qui m'emporte et m'oublie.

Mon dessein n'est pas de philosopher. Je n'articule aucun prétendu savoir sur ce que je rapporte. Je ne parle que de jouissance. Je ne parle que de ce que les hommes nous ont volé : le bonheur.

A vrai dire, ils nous ont volé tous les moments de notre corps; même le moment de l'amour qu'ils partageaient.

Ils ont fait de mon désir l'acquiescement flatté, ému, à leur désir. Ils ont fait de ma jouissance, de mon orgasme, une sorte de transe sacrée par pénétration de la très suprême virilité. Au fond ils ne sont pas loin de dire, ils le disent parfois, que si je jouis c'est dans l'illusion d'*avoir* enfin, dans un bref et miraculeux instant, ce qui par ailleurs ne cesse tragiquement et douloureusement de me *manquer* : un pénis.

Ce que j'aimerais c'est me *donner?* Mais qui donne quelque chose de lui? Toi ou moi?

Ce que j'aimerais c'est que tu me *prennes?* Mais n'est-ce pas plutôt moi qui te prends?

C'est toi qui t'*abandonnes*, non?

Et c'est encore toi qui es triste, soi-disant, après l'amour. Pas moi.

Et si toute leur volonté de penser mon corps dans l'amour comme un abandon n'était que la frénésie d'un ressentiment aigu devant ce que je leur prends effectivement, ce qu'ils donnent, ce dont ils se vident et se séparent?

Don. Prise. Conquête. Abandon. Possession... Où sommes-nous? Au marché? A la guerre? Tous les termes de l'amour sonnent le clairon de l'homme. Grotesques et pitoyables fanfaronnades du tombeur...

Alors, ne crains rien. Je pourrais aisément te montrer, partant des termes qui sont les tiens, que ta prétention n'a d'égal que ton aveuglement, et que c'est moi qui gagne et toi qui perds, moi qui possède. Que c'est à moi que la victoire définitive revient. La belle affaire... Tout ça ne signifie rien pour moi. Si tu veux savoir pourquoi, c'est simple : quand je fais l'amour je ne fais pas la guerre. Et il ne saurait y avoir de vainqueur (tiens, comme par hasard pas de féminin à ce mot, a-t-on jamais entendu parler d'une vaincresse, d'une vaincrice?) là où il n'y a pas de combat.

Et si je sens mon corps comme une maison, douce du soleil entré, tiède de pluie, gorgée de voix aimées, je t'assure en riant, tant l'image me semble comique, que je ne me sens pas comme une citadelle à prendre. Ni comme une cathédrale, réceptacle ou navire de tes emportements...

Tu confonds tout. L'offrande du cadeau imbécile dont on se débarrasse, ou celle de l'agneau sacrifié, et celle de l'hospitalité. Et il me semble parfois que la jouissance que je te procure n'est rien auprès du bonheur que j'ai à t'accueillir.

Quand nous faisons l'amour je suis pleine de toi, enchantée de toi, du chant de tes vagabondages, de la rumeur de tes exils, mais pas prise, pas « ravie », mais là, plus que jamais là, et pleine, plus que jamais pleine.

Tu ne m'emmènes pas au septième ciel, tu ne m'envoies pas en l'air, tu ne m'arraches pas à moi. C'est tout le contraire. Tu me forces au fond de moi. Autour de toi, je descends, je sombre, je m'élargis par la profondeur. Non pas l'ex-tase, mais l'immensité de l'épaisseur. Je n'oublie rien, je suis la mémoire même.

A force de t'accueillir, je te comprends, dans une indépassable certitude. Le soleil, le vent, la pluie m'ont envahie. Ma transe est celle de toute terre heureuse.

Toi tu me dis, je t'aime, quand tu me cherches et me désires. Moi je te dis, je t'aime, quand tu me fais profonde et vaste comme la terre. Je te dis, je t'aime, quand tu me fais trembler de tout le bonheur de vivre.

Mais c'est que, me semble-t-il, à travers nos rapports sexuels notre appréhension du bonheur de vivre ne saurait être confondue, si nos corps, eux, le sont. Si j'en crois ce que tu m'en dis, et ce que j'en devine, ton vivre a une autre forme que le mien. Lorsque tu dis *existence,* moi je te réponds *insistance.*

Je connais, j'affirme, je veux la différence de mon sexe. C'est différent que je t'appelle, c'est différente que tu me cherches. C'est à un autre

que nous tendons, et c'est par l'autre que nous
jouissons. Toi de moi et moi de toi. Toi d'une
femme et moi d'un homme. Toi d'habiter et moi
d'être habitée.

Mais non je ne crache pas sur les jouissances homosexuelles. Je refuse simplement d'y
voir l'expression d'une indifférenciation sexuelle.
Je peux jouir de mon autre semblable, et tu
peux jouir de ton autre semblable. Je ne saurais
jouir d'une femme comme tu en jouis toi, parce
que je suis femme, et tu ne saurais jouir d'un
homme comme j'en jouis moi, parce que tu es
homme. Et ce que j'aime dans la femme c'est
tout ce qui la fait différente de toi. A vrai dire je
n'aime que dans la perspective de la différence.

Je n'en ai pas fini avec mon sexe. Car il connaît
bien d'autres fêtes encore. Faudrait-il, parce que
tu ne t'y trouves pas mêlé, que je me les inter-
dise ou que je les dissimule sous le masque hideux
de la peine et de la souffrance? Faudrait-il que
j'aie mauvaise conscience de jouir de ce qui t'est
refusé au point de me le refuser à moi aussi?

Tu m'as empoisonné la vie. Pendant des siècles.
A force d'être privée de mon corps, je ne savais
plus vivre qu'à travers toi. Mal vivre, à peine
vivre. Trimer, endurer, me taire et être belle.
Mon corps seulement pour travailler et plaire;
jamais pour jouir. Mon corps, jamais pour moi.
Bouche cousue et bouche fardée. Sexe ouvert à
la demande et sexe bouché au tampax. Récurée,

raclée, hygiénisée, déodorée de partout, réodorée
à la rose, c'en est trop, j'étouffe, il me faut mon
corps. Tout mon corps, son sang, son lait, et la
gonflure extrême de mon ventre. Car c'est ça que
j'appelle vivre.

Un jour je fus enceinte alors que je le voulais.
Et j'ai pu faire la différence avec le temps où
j'avais été enceinte et où je ne le voulais pas.
Quand je ne le voulais pas, dégoûts, vertiges,
vomissements, douleurs, et tout le tremblement.
Le jour où je le voulus, plus rien de tout ça. Au
point même qu'il m'arrivait de le regretter. J'aurais aimé me sentir un peu plus enceinte.
Je ne sentais rien. J'étais contente et jamais
fatiguée. Dans l'attente, quoique déjà comblée.
J'aimais bien ne rien faire, ne rien penser, regarder
mes mains, les nuages, les gens dans la rue. Le
travail m'embêtait plus que de coutume; je
n'avais pas le cœur à ça. J'avais le cœur à laisser
le temps couler.
Enfin j'eus le ventre obèse. Je n'étais pas seulement plus large, mais plus haute, plus légère
aussi. Comme si mon corps, gorgé de sève montante, sortait de terre, germait comme un oignon.
Mon corps poussait sa rieuse évidence.
Du plat de la main je mesurais la somptueuse
envergure de mon ventre, je guettais dans le
flanc la décharge des petits pieds, comme une
poignée de dragées, comme les petits graviers
ronds emmenés par la vague, perceptible aussi

de l'extérieur aux doigts attentifs. Le plaisir était parfois si délicieux qu'il me mordait comme une angoisse. Je me disais qu'est-ce qui m'inquiète ainsi, et je me répondais, rien, c'est le bonheur...

Quand le bébé bougeait dedans, je touchais un point ultime, indépassable, d'une félicité pourtant légère, et qui m'incisait comme une douleur. Le goût de rester là une éternité dans cette frêle lumière immobile.

Le plus étrange, était que ça avait l'intensité d'une réminiscence, d'un temps perdu retrouvé, certitude obscure, mais fulgurante... Je me souvenais de Proust, de ce qu'il appelle, si loin de la philosophie, « contemplation de l'essence des choses » : « ...joie pareille à une certitude, et suffisante sans autres preuves, à me rendre la mort indifférente... ».

Mais la réminiscence était trop vaste, informée, informulable; je ne pus trouver qu'une équivalence, une correspondance dans l'antériorité toujours vivante de mon enfance.

Il ne s'agit pourtant nullement d'une image approximative. Je sais, pour l'avoir reconnue alors dans l'évidence la plus simple, que c'était la même émotion, non pas une autre identique, mais l'émotion d'alors, celle-là même qui était montée dans l'enfance, et avait attendu, patiente, à travers la négligence des années, de remonter. Si l'émotion surgie au moment où le bébé se déplaçait en moi était aussi l'émotion qui avait surgi dans l'enfance en de tout autres circonstances, c'est que l'événement, pas plus celui-ci que celui-là, n'était cause de l'émotion, mais seulement son occasion.

Je ne peux indiquer l'émotion qu'en parlant des circonstances, des choses, du cadre différent qui la porte. Le souvenir d'enfance n'explique rien (il avait déjà lui-même le goût d'une antériorité), mais il implique les racines de l'émotion au cœur d'un terreau obscur qui n'est ni cet événement-ci ni cet événement-là.

C'était lorsque j'étais malade, grippe, angine ou rougeole. Après la fièvre, après les mauvais rêves, quand le corps délié, liquide, recommençait à vivre dans le balbutiement de la présence. Il y avait eu là-bas cet instant, et à plusieurs reprises, d'une qualité si unique, si précieuse, que j'avais su dès lors, et pourtant sans qu'aucune interprétation fût possible, que je touchais à l'essentiel.

Ma chambre était au premier étage; sous mon lit c'était la salle à manger. Aux alentours de midi et demi, par quelque chose de frêle, de léger, la maison, silencieuse encore, annonçait son éveil, comme l'aube dans le chant du premier oiseau. Je commençais à distinguer, et me plaisais à les identifier, les bruits effleurés de la préparation de la table, porte du buffet, tiroir de la desserte, assiettes placées en rond (un vide à ma place habituelle), chaises approchées (une de moins)... Un moment de silence; elle devait vérifier immobile qu'il ne manquait rien, et puis du bas de l'escalier sa voix montait, précise et ferme, quérir les oubliés.

Elle appelait chacun par son prénom, forçant la voix pour celui ou ceux qui étaient au second.

On répondait oui, des différents coins de la maison, et il y avait des oui rêveurs, des oui surpris, des oui indifférents... Mais rien ne bougeait; elle avait dû regagner la cuisine. Je pouvais fermer les yeux, je savais avec certitude que le silence était celui de la vague, suspendue, arrêtée à son bord extrême.

Sa voix enfin s'emparait de nouveau de la maison, brusque cette fois, impérative. Alors les portes s'ouvraient. Des pas, des rires, de vagues querelles dégringolaient bruyamment l'escalier, s'estompaient en s'éloignant, rejoignaient la salle à manger. Chaises déplacées, tirées, voix encore heurtées, superposées, mal ajustées. Moment brouillé, confus, comme l'accord des instruments avant l'ordre lumineux.

La musique. Elle venait enfin, la musique, de mon ventre attentif, de la plus juste profondeur. La plus lointaine et la plus proche.

Les voix, chacune reconnue, accompagnée selon sa courbe particulière, les voix, dont il m'était miraculeusement impossible d'entendre ce qu'elles disaient (l'inessentiel m'étant enfin épargné), les voix, dont la chair était nue, s'ouvraient en moi, se tendaient les bras, s'enlaçaient, déployant en ondes douces, et jusqu'à l'infini, le tissu d'une parole très ancienne mais illimitée, ne s'arrêtant pas à nous, mais seulement nous traversant, moi qui étais nous, veilleuse, gardienne, enceinte déjà...

Instant de la plus haute grâce, où, descendue dans mon corps, j'épousais, dans l'oubli de mes limites, l'incompréhensible polyphonie de la vie. Ne pas bouger, ne plus bouger jamais, entendre infiniment, ouvrir les doigts, se laisser prendre et noyer dans l'eau montante du bonheur...

Ainsi, dans un sursaut de rêveur, une chair en moi réveillait la très ancienne parole.

Je m'arrête. J'ai tant à indiquer encore... Je ne fais que balbutier les commencements de tout ce qu'il y aurait en nous à reconnaître, à vivre, à chanter. Je ne fais le tour de rien. J'envisage, dansant de l'une à l'autre, les fêtes de mon sexe. Fêtes multiples où chacune est entière et n'a cure des autres. Ni ordre ni hiérarchie entre elles; toutes privilégiées, irremplaçables. Pas de pente à monter, de sommet à atteindre.

L'ordre de mon évocation est celui apparent d'une sommaire chronologie du corps, règles, X... (je cherche sans trouver un mot qui, comme par hasard, manque; ni coït, brutal et technique, ni amour, prude et religieux, ni baise, railleur au fond et agressif, mais quoi alors? Où est-il le mot vrai de nos corps ensemble?), la grossesse, l'accouchement, etc. Cet ordre n'a que le mérite d'apparaître clairement dans son artifice. Et je ne saurais en donner un autre. Si j'évoquais sans ordre les fêtes de mon sexe, on chercherait, par-delà la succession hasardeuse et jouée, un ordre qui n'y serait pas.

J'aurais pu choisir de les placer selon l'importance de l'interdit qui les occulte ou les massacre. Mais je ne vois qu'un seul et puissant interdit, dont seul le visage diffère selon ce qu'il opprime,

le sang à cacher, la grossesse à endurer, l'accouchement à souffrir dans un paroxysme de douleur.
C'est affaire de couleur particulière; comment
choisir et ordonner?

Et si l'accouchement est le foyer central de mes
emportements, et la pierre la plus dure de mon
chemin, ce n'est pas que j'en fais la fête par excellence, ou celle à laquelle tendraient toutes les
autres, mais c'est que l'accouchement est la fête
la plus maudite, la plus persécutée et ravagée, où
la répression fasciste de l'homme triomphe dans la
torture.

Loin de moi de croire qu'on ne saurait être
femme sans avoir eu le ventre gros et mis bas un
petit. Je dis ce que j'ai entendu et su de nous,
femmes, dans la révélation de mes fêtes. Mais ce
qui est en nous est en nous, vierges, vieilles, jeunes,
belles, laides, sans enfants ou mères, en deçà et
au-delà de la fête.

Fors la jouissance, la fête n'apporte rien qui ne
soit déjà là. La fête n'est qu'une oreille ivre d'entendre, un œil ouvert et amoureux dans notre nuit.

C'était un soir d'été. La fenêtre était ouverte. Je lisais dans mon lit, le livre bien en place sur la pente ascendante du ventre.

La journée avait été lourde. J'avais traîné mon ventre, et dit à plusieurs reprises, je m'en souviens, que j'en avais marre maintenant et que ça suffisait comme ça (comme si nous choisissions, peut-être avec l'accord de l'enfant, le moment de la séparation).

Soudain le bébé me flanqua une forte bourrade et je fus prise d'une irrépressible envie de pisser. J'ai dit à N., allongé près de moi, qu'il commençait vraiment à m'énerver ce bébé. Et je suis allée m'asseoir pesamment sur le siège des toilettes en pensant à autre chose. Ça coulait. Je devais, comme chaque fois depuis un certain temps, fixer rêveusement l'extrémité lointaine de mes cuisses. Les genoux comme de petits rochers bien polis semblaient sortir directement du ventre. Depuis longtemps déjà je ne pouvais plus voir mes cuisses; le sexe n'en parlons pas. J'avais du mal à penser que ces parties de moi me redeviendraient familières, immédiates.

Alors je devais rester là sans pensée, les yeux

dans le vague pendant que ça coulait toujours. J'ai fini par me dire qu'il y avait quelque chose de bizarre; ça ne cessait de couler légèrement, continûment, et comme malgré moi, sans poussée musculaire. Et si... Je me suis levée, j'ai regardé. Mon cœur s'est mis à battre très fort; pas de doute, c'était ça. Ce liquide laiteux qui s'échappait de moi, c'était sûrement les eaux, comme ils disent. J'y ai mis les doigts pour voir; j'ai pensé au sperme.

Et puis je suis allée dire à N. que ça y était, que le moment était venu. Je lui ai dit tout doucement pourtant, avec un large sourire pour ne pas l'effrayer... En vain. L'événement ne pouvait lui apparaître que sous un jour terrible. Étant donné ce que les hommes savent, ou plutôt ne savent pas, de l'accouchement, à peine par où ça sort, et comment ça sort, je trouve ça normal, compréhensible, et tout à fait ajusté à la façon dont ils considèrent la vie, cette terreur et cette angoisse.

Alors, lui, inutile de décrire; il a fait exactement comme prévu dans les histoires drôles (qui ne le sont qu'à moitié), farces et attrapes de la vie, bandes dessinées, et autres amuse-gueules des familles. Les cigarettes allumées, écrasées les unes sur les autres, le bafouillage, les prostrations, les agitations futiles, les coups de téléphone répétés et inutiles à la sage-femme, arrachages de cheveux, ongles rongés, la bouteille de cognac, les gestes à l'envers (la voiture quand il m'a emmenée un peu plus tard s'arrêtant systématiquement aux feux verts, démarrant aux feux rouges), enfin tout ce qu'on peut imaginer d'un homme dans ces cir-

constances-là, d'un homme qui ne fait pas de chi-
chis, je veux dire d'un homme sans vertu particulière pour « surmonter » ce genre d'épreuves...

Moi j'ai essayé de le calmer comme j'ai pu, que
c'était rien du tout, que ça passerait comme une
lettre à la poste, etc. Je lui ai conseillé d'appeler
des copains pour qu'il ne soit pas tout seul. C'était
une bonne idée. Ils sont venus aussitôt, les copains.
Un peu émoustillés, mais pas très fiers non plus;
avec une nouvelle bouteille de cognac, si je me
souviens bien. La sage-femme avait dit qu'il fallait
attendre les douleurs, que je la rappellerais alors et
qu'on se retrouverait à la clinique. Elle devait
espérer pouvoir dormir encore un peu.

Les garçons sont allés dans la pièce à côté;
combien étaient-ils, trois, quatre, je ne sais plus.
La seule fille qui était là, ma copine, est venue
s'allonger près de moi sur le lit. Elle m'a demandé
comment je me sentais, j'ai dit très bien, que ça
tiraillait vaguement à l'intérieur, mais que ça ne
devait pas être encore ça. Puis je me suis souvenue
que, comme ça venait un peu plus tôt que prévu,
je n'avais pas encore appris comment il fallait faire
snif-snif, pendant la phase d'expulsion. Je lui ai
dit, à ma copine, tu crois que c'est embêtant? Elle
m'a répondu, attends, t'as ton livre? Bon, on va
voir ça tout de suite dedans... Elle a apporté le
bouquin sur le lit et s'est allongée de nouveau.
C'était le bouquin pense-bête, pense-bas, de toutes
les futures heureuses mamans, le bouquin qui dit
tout, pourquoi c'est bien de faire des enfants, que
ça fait du bien au papa et à la maman, que ça fait

du bien au couple et à son amour, que c'est merveilleux de se dévouer et de souffrir pour ceux qu'on aime, le livre qui révèle, comme une découverte des temps modernes, que l'accouchement est un acte naturel, alors qu'il ne faut pas, absolument pas avoir peur, le livre véritablement indispensable pour accueillir comme il faut le bébé, qui vous dit tout là-dessus, qui ne vous cache rien, combien il faut prévoir de bavoirs en dentelle, en coutil, en fil, combien de langes en coton, en laine, en synthétique (on n'arrête pas le progrès), combien de couches rondes, carrées, pointues, triangulaires, obliques. Un livre pensé, réfléchi, qui dit comment la future heureuse maman doit parler au futur heureux papa, comment le futur heureux papa doit parler à la future heureuse maman.

Un chapitre entier lui est réservé, au papa futur. Comment il doit être patient, attentif, aux petits soins, gaga, ou plutôt pas gaga du tout, enfin pas trop, comment il doit être à la fois doux, sucré, tout miel, mais aussi fort, solide et protecteur. Un chapitre particulièrement dense et difficile à comprendre. Évidemment, les textes qui préparent à un examen d'une telle envergure morale ne sauraient être d'une limpidité enfantine. N. qui ne manquait pas d'humilité s'était dit qu'il faudrait bien apprendre et réviser cette partie si importante du programme. Il avait fait un effort pour s'y mettre, mais il avait dû abandonner; c'était trop difficile, il ne pouvait pas suivre...

Bon, alors on a ouvert le bouquin. On a cherché dans la table des matières. On ne trouvait pas;

évidemment il n'y avait rien à snif-snif. On rigolait. On a fini par trouver. Elle me lisait. On avait
du mal, c'était dur. Elle me disait, allez, vas-y,
t'ouvres la bouche... Elle ouvrait la bouche. On
rigolait. Et N. criait à travers la cloison qu'il y
avait vraiment pas de quoi rigoler comme ça, que
je ferais mieux de me tenir tranquille.

On a laissé tomber le bouquin, j'ai dit que je
verrais bien. La copine m'a raconté l'accouchement de sa sœur (son expérience la plus proche
de la chose, parce que elle, elle n'avait pas d'enfant) et comment elle avait quasiment accouché
dans le taxi, sa sœur.

Puis je commençai un peu à me tortiller; ça se
bloquait à l'intérieur, ça tirait un bon coup, ça
retombait. J'étais vraiment très embarrassée, très
perplexe, ça faisait bien quelque chose, mais mal?
rien de moins sûr. J'ai dit à ma copine, tu crois
que c'est ça? Forcément elle n'en savait pas plus
que moi là-dessus, mais à tout hasard elle m'a
répondu en se marrant qu'on avait qu'à faire
comme si c'était ça, parce qu'au fond, à bien y
réfléchir, y avait quand même des chances pour
que ce soit ça. On a sonné l'ordre de départ. Je me
sentais extraordinairement gaie. Je ne dis pas,
il y avait peut-être de l'inquiétude derrière mon
excitation joyeuse, mais je ne le sentais pas comme
ça. Le souvenir que j'ai gardé de ce moment
jusqu'à l'arrivée à la clinique est plein de rires.

Dans la voiture c'est devenu plus net. A trois
réprises ça s'est mis à rouler dans les hanches
comme une vague, ça a monté, monté, ça s'est

mis à tirer, écarteler, un truc à vous couper le
souffle, et puis ça redescendait, la vague retombait
comme elle était venue. Ma copine disait, mais
pourquoi tu fais pas snif-snif? Je n'osais pas. A
cause des autres je n'osais pas être à ce que je
faisais, et j'avais hâte d'y être. Je faisais seulement
oh là là, ben merde alors, en secouant la main
droite et en rigolant. J'étais extraordinairement,
non pas honteuse, mais gênée de vivre en leur
présence un événement qui me concernait aussi
fort et aussi impérieusement. De la pudeur en
quelque sorte. Il y avait de l'indécence à vivre ça
devant eux parce que c'est quelque chose qui sort
de nos mœurs, les insulte, les transgresse d'une
verte insolence.

De tels éclats du corps, de tels triomphes de
l'organisme, une telle évidence de la chair empor-
tée, des os tirés, écartés, de sa puissance volca-
nique, ça ne peut pas se dire en face; ça va absolument contre tout ce dont nous sommes convenus
entre nous, l'oubli du corps, son silence et sa
discrétion.

Alors j'avais hâte d'être à la clinique, de faire
ça toute seule, ou auprès de quelqu'un qui avait
l'habitude d'accueillir cet événement.

A vrai dire, il m'a bien fallu déchanter en
arrivant à la clinique. J'imaginais sans doute
qu'on allait m'accueillir, sinon avec des cris de
joie, au moins avec des sourires de bienvenue. Je
croyais m'amener avec une bonne nouvelle; à en
croire la mine et l'humeur des infirmières, ça avait
plutôt l'air d'en être une mauvaise, de nouvelle.

Non seulement je me permettais d'arriver plus tôt que prévu (il paraît que d'autres s'étaient aussi permis de faire ce sale coup, et ça manquait de chambres), mais encore je débarquais au milieu de la nuit, ce qui n'était guère poli.

Compte tenu de l'accueil qui m'était réservé dans une clinique tout ce qu'il y a de bien, j'ai pu me faire une idée de ce que ça devait être pour les malheureuses débarquant à l'hôpital, et dont l'humeur n'est pas aussi nécessairement joviale.

Quelles que soient les garanties d'hygiène et de sécurité apportées par l'hôpital, ou la clinique, l'accouchement pratiqué en série est ramené à la dimension de l'extraction dentaire, étant entendu qu'une femme qui accouche n'est MÊME PAS malade, et qu'on lui fait une sorte de faveur en l'acceptant dans ces lieux réservés à d'autres. Le mépris, la déconsidération de cet événement qui représente pour la femme le moment d'une épreuve extrême et cruciale de la vie, n'est autre que le mépris de la femme en général. Pas étonnant qu'elles continuent à vivre ça dans la douleur alors que ça devrait, que ça pourrait être vécu dans le bonheur. « Dites-vous que vous faites caca, allez-y, faites caca, vous faites caca », me criait la sage-femme au moment de l'expulsion, croyant sans doute m'aider de cette façon et me donner de l'inspiration. Je n'ai rien contre le fait de faire caca, mais tout de même c'est pas ça que j'étais en train de faire. Elle m'aurait dit, allez-y, vous faites un enfant, que ça aurait marché aussi bien...

On m'a dit de me déshabiller, et je me suis fait

une première fois engueuler parce que je portais une culotte alors qu'il n'en fallait pas, ou l'inverse, je ne sais plus. Je me suis allongée sur la table de travail, et pendant que j'écartais les jambes comme on me le demandait, j'ai entendu qu'on m'apostrophait pour la deuxième fois de l'extrémité de la pièce. Vous n'avez pas de robe de chambre? Non, je réponds, on m'en apportera une, s'il faut. Soupir excédé. Et c'est tout ce que vous avez apporté pour vous et le bébé? Je réponds, ben oui. Cette fois, soupir accablé, désespéré. Et pourtant dans la petite valise écossaise que j'ai achetée exprès, j'ai mis tout ce qu'il y avait écrit sur la liste qu'on m'avait donnée. Je devais comprendre plus tard, en voyant les dentelles et les délicats froufrous des autres bébés, que j'étais une mère bien imprévoyante.

La sage-femme répète en se baladant dans la salle, détendez-vous, détendez-vous, tout se passera très bien, alors qu'elle ne m'a pas encore jeté un regard, ni même serré la main. Moi qui n'étais pas le moins du monde tendue, je sens que ça pourrait bien me venir. Enfin elle s'approche de moi. C'est pour me raser les poils du pubis avec une brutalité experte et indifférente. Elle m'examine, et dit que j'ai fait du bon boulot déjà, en me flattant la cuisse d'une petite claque d'encouragement.

Bon boulot peut-être, mais moi j'ai eu vraiment à ce moment le sentiment qu'on me cassait le travail, qu'on m'abîmait tout, qu'on me rabaissait à moins que rien. Heureusement très vite mon corps s'est imposé de nouveau, oubliant, rejetant dans la fange irréelle ces empêcheurs de tourner en rond. Pour la sage-femme, c'était peut-être le 492ᵉ accouchement auquel elle assistait. Moi c'était le mien, le premier, mort, naissance, emportement. La vie. Extraordinaire aventure que je voulais sans réserve.

Il y avait le moment étrange où tout s'apaisait, où mon corps se déliait de toutes parts, s'étendait immobile, recueilli dans le silence comme un lac au crépuscule. Et j'attendais, religieuse, les yeux clos, la montée de la prochaine vague qui allait me soulever. Hauteur insoupçonnée, vertige; ce qui commence à naître en moi est une sorte d'effroi sacré, de nudité grande comme le ciel.

J'ai oublié les autres. J'ai oublié les jambes en l'air, écartées, le sexe chauve, à l'air et dilaté, comme l'amour triomphant oublie la décence.

Et de nouveau mon corps se concentre, se resserre. Cela s'insinue, semble-t-il, par les cuisses. Je prends mon souffle, je halète, et voilà que ça monte, ça ouvre, ça se répand, ça presse tandis que craquent les limites de mon corps. Une porte de bronze s'entrouvre en grinçant sur une sorte de nuit immense, jamais vue.

Au début, dans le choc de l'étonnement, me viennent des mots, plus que des images, qui cognent dans ma gorge avec mon souffle haché, labyrinthe, inquisition, schismatique, et toujours avec cette bizarre idée, raide comme une lame

fichée dans le ciel, au goût d'un noir triomphe :
« Ils ne m'auront pas. » Qui « ils »? Avoir quoi de
moi? La réflexion que j'ai pu faire depuis ne m'a
pas appris grand-chose là-dessus. Ils ne m'auraient
pas, c'est tout, et je le savais dans la plus brûlante,
la plus merveilleuse certitude. Je « leur » avais
échappé. Je leur échappais.

Au fur et à mesure que cela s'intensifiait je
perdais, alors que la conscience, elle, allait se
dilatant, toute conscience de *moi*, de *ma* vie. Je
perdais peu à peu tout ce qui antérieurement me
faisait dire « moi », limites, temporalité, séparation. J'accédais à l'éblouissante conscience de la
vie brute, la vie une et seule à travers toutes les
formes fragiles, assaillies puis rejetées, la vie dépas-
sante, folle, irrespectueuse de toute permanence,
fondamentale, ivre...

J'ai perdu les mots mêmes qui me choquaient
la tête. Je suis devenue immense, tentaculaire.
Plus vaste que la mer.
Plus vide que le ciel.
Plus fracassante que le tonnerre.
La terre s'est ouverte. Je vais mourir ou je vais
naître. J'ai déjà disparu. Temps ultime. Le chaos
gronde et se plisse. La montagne se ramasse et
pousse la nuit. Cela ne se peut pas; c'est trop.

Mort superbe. Désir éperdu, fondu à la pâte
brûlante du monde. Cela ne se peut pas. C'est
trop. TROP...
Ouverte encore, écartelée jusqu'aux confins...

Ainsi cette puissance, c'est moi, ainsi le monde et la naissance première du monde, et l'aube extasiée de la nuit, c'est moi, ainsi l'immensité, c'est moi...

Pour l'unique fois la terreur la plus entière et la plus juste. La terreur aussi la plus religieuse. Conciliée à la Loi, portant et inventant la Loi qui m'anéantit, je tremble de ferveur, d'amour.

Puis vint le temps où je compris que je voulais sourdre de moi. C'est alors que m'est parvenue la voix subtile qui m'incitait à « pousser » comme si j'allais faire caca. Pousser? Quoi pousser? On pousse l'autre, celui qui est à distance, séparé, et auquel on imprime sa force. Pousser? J'avais un pied sur le pôle sud, un autre sur le pôle nord, et c'est la terre dont j'étais grosse qui réclamait dans une incontrôlable exigence, le jaillissement...

Je me souviens de m'être empêchée de rire alors, d'un rire extraordinaire, illimité, qui s'emparait de moi. Rien n'existait, rien n'avait jamais existé de tout ce que les hommes considéraient avec sérieux. Toutes les choses multiples et bigarrées de l'univers, toutes les pensées graves n'étaient que les fragments retombés du rire éclaté d'un dieu.

Le monde n'existait pas, ni les vérités mathématiques de Descartes ni son Dieu si indéniable. J'étais seule à avoir phantasmé le tout.

Mais j'avais été trop loin, cela ne se pouvait pas. J'avais dépassé toutes les bornes. Impossible que vienne à l'être ce que j'avais conçu. J'allais m'arrêter là, aux limites extrêmes de l'enceinte

que j'étais encore, j'allais me briser là dans ce
désir hurlé d'apothéose. Tout allait disparaître
au bord de ce précipice. Nul et rien ne reviendrait
jamais...

C'est alors que je fus brutalement ramenée à
moi, forcée de l'intérieur d'une précise et irrépressible puissance, qui devint plus que mon acquiescement, mon vouloir, mon affirmation-explosion
même. J'ouvris les yeux, je vis mon corps, mes
jambes que l'on accrochait en l'air, je vis mes
muscles bandés, je vis mes mains crispées que je
reconnus étrangement. Je dressai la tête, et la
sueur ruissela sur mon front, sur ma nuque. Je
compris que je n'avais cessé de m'avancer, de
tendre vers cette déchirante et suprême violence
que je faisais, qu'on me faisait, que je voulais.
    Je fus saisie d'un paroxysme de violence.
Quelque chose de dur, de rond, d'énorme, la
terre enfin sortit de mon cri dilaté. Et puis ce fut
ce délice inoubliable, infini. Caresse exquise des
petits bras chauds, ourlés, des minuscules doigts
humides... Je sentis tout cela dans une telle
extase que je fondis en larmes. Puis mon corps
eut un ultime hoquet d'agonie, et les fesses, les
fines jambes fusèrent dans une gluante liqueur.
    Le cri de l'enfant déchira le jour comme un
tissu de soie.
    Je fermai les yeux, coulant enfin dans l'eau
lourde du bonheur, humeur épaisse de mon sang
et de mes larmes.

Il est vrai pourtant, je ne l'avoue pas, je le constate, que pas une seule fois je n'ai pensé à l'enfant dans tout cela. C'est sans me préoccuper de lui que j'ai vécu avec lui sa naissance. C'est la sage-femme qui m'a informée de son bon état et de son sexe; je n'avais pas pensé à poser la question. Je me disais, le bébé vit qui est né de moi; c'est tout. (C'est que sans doute, je ne connais rien au sentiment, à l'instinct maternels, je ne m'y connais un peu qu'en bonheur.)

On a couché le bébé près de moi. Non seulement je ne le reconnaissais pas pour mien, mais rien jamais ne m'avait paru aussi étranger que ce petit d'homme. Et je dis « il », non pas comme un « il » masculin, puisque c'était une fille, on m'en avait avertie, mais comme un « il » neutre, il, le bébé, si loin de l'humain que le sexe ne saurait être repéré. Il me semblait venir de l'autre bout du monde, de l'autre bout des temps. Quelle nuit immense lui avait-il fallu traverser pour échouer si minuscule et vulnérable auprès de moi?

Je le fixais avec une sorte d'effroi. Il se passait pourtant à certains moments quelque chose d'extraordinaire; je le voyais parfois lever une main d'aveugle, ouvrir et fermer les doigts, détendre soudain ses petites jambes repliées dans une sorte de spasme agacé, et voilà que je reconnaissais, sans méprise possible, ces mouvements que j'avais éprouvés en moi et que je voyais maintenant hors de moi. Mais qui bougeait, qui continuait à bouger ainsi, où bougeait-il? Son corps ne venait pas de commencer d'être, il poursuivait sa longue histoire, où commencée, où perpétuée?

Je lui disais, d'où viens-tu, où es-tu? Rien jamais ne m'avait paru venir d'aussi loin et se tenir aussi loin...

Prise de vertige, je détournais les yeux. Et s'il toussait ou geignait je n'aimais pas l'inquiétude qui me retournait vers lui.

Ce qui peu à peu nous rapprocha ne fut le fruit ni de mes devoirs, ni de mon affection envers lui, mais seulement l'harmonieuse rencontre de son appétit et de mon bonheur.

D'un quelque part en moi, mal localisable, mais profond, très intérieur, je sentais monter le lait jusqu'au bord des seins en afflux tièdes qui me déchiraient d'une longue et douce morsure. Il me fallait, je voulais, je quémandais ce que semblait demander la bouche minuscule, mais forte, vorace. Je prenais le bébé dans mes mains amoureuses, je le guidais vers mon sein gonflé, et ses lèvres, sa langue suçaient, tiraient, inventaient de moi un plaisir émerveillé.

Si le bonheur des règles est trop discret pour résister aux sentiments de honte et de souillure qui l'accablent, si le bonheur de l'accouchement a quelque chose de si terrible, de si éprouvant qu'il risque toujours de se laisser envahir par l'horrible malédiction qui lui donne la forme et le nom de la plus haute douleur, le bonheur de l'allaitement ne semble lui rejeté par aucun interdit spécifique. Une femme qui allaite peut à la rigueur faire ça en public sans vraiment choquer ou dégoûter. (Encore que si je me souviens d'avoir souvent vu, enfant, des femmes allaiter au jardin public, ou même dans le métro, ça fait bien longtemps que je n'ai pas revu ça. Une nouvelle honte se dessinerait-elle? On « libère » la poitrine du soutien-gorge à condition qu'elle soit jeune et ferme, accessible donc au désir et plaisir des hommes, mais je crains que d'un même mouvement on ne cache le sein gonflé et comme tuméfié qui allaite, dont le sens est évidemment autre que de susciter et servir le désir masculin.) Néanmoins personne, me semble-t-il, ne dit que ça fait mal, ou que c'est dégoûtant et qu'il faut se cacher pour faire ça. Les femmes ont donc là une possibilité de vivre, hors de toute véritable sanction extérieure, un plaisir de leur corps particulièrement fort et évident. Le font-elles? Peut-être dans certains cas. Mais le fait est qu'elles n'en parlent jamais lorsqu'elles revendiquent l'autonomie de leur corps et de ses jouissances. Elles font toujours comme si ça ne comptait pas, comme si ça ne devait pas compter. A vrai dire c'est d'elles-mêmes qu'elles méprisent et dédaignent ce plaisir.

La réalité de leur corps, la vie de leur chair propre est l'objet d'une telle déconsidération globale qu'elles sont alors incapables de concevoir et donc de reconnaître un bonheur de leur

corps autre que celui de susciter ou répondre au
bonheur de l'homme. (La masturbation ou les
relations homosexuelles ne découvrant pas un
bonheur nouveau du corps, mais plutôt déplaçant
et jouant sur un autre mode le bonheur de toute
relation sexuelle en général.)

Et que l'on n'imagine pas que le bonheur
d'allaiter renvoie au plaisir de la caresse ou de la
succion des seins dans l'acte sexuel, qu'il en
serait comme une sorte de répétition attardée,
d'image inadéquate, ou de préfiguration incer-
taine. C'est un bonheur spécifique, dur et rond
comme un beau galet. Un bonheur qui n'en
rappelle ou n'en prévoit nul autre semblable. Un
bonheur clos, entier.

Qu'on ne dise pas non plus que c'est l'idée du
don qui est plaisante (pas plus qu'on ne peut dire
que ce qui plaît à l'homme dans l'acte sexuel
c'est l'idée de ce qu'il donne) à la femme qui
allaite. C'est le corps qui est heureux quand le
lait monte dans les seins comme une sève vivace,
c'est le corps qui est heureux quand le bébé tète.

Ainsi le plus odieux mensonge est celui des mères
abusives, qui, sous prétexte qu'elles ont allaité,
torché, bichonné, caressé, embrassé, consolé, soi-
gné, protégé leur bambin, exigent d'être payées
en retour de gratitude émue ou d'amour reconnais-
sant; comme si, pour ce faire, elles avaient dû se
« sacrifier ».

Ne serait-ce pas à elles plutôt d'inonder l'enfant
de reconnaissance, qui leur a procuré de telles
jouissances? Si je ne peux que supposer le bien-

être de l'enfant qu'on cajole, je sais avec certitude le plaisir délicieux de la mère qui baise sa bouche ourlée ou ses pieds potelés.

Mais c'est que certaines femmes sont si convaincues qu'elles ne sont pas faites pour le bonheur, mais seulement pour le dévouement, le sacrifice et la peine, qu'elles sont incapables de compter comme jouissance et joie ensoleillée l'amour qu'elles portent à leur enfant, et le portent au seul compte qu'elles se reconnaissent, celui des devoirs.

Car enfin, pourriez-vous me dire de quoi se plaignent les femmes, dont je prétends que les possibilités de bonheur sont considérables?

C'est que ces possibilités, d'ici et maintenant, ne sont que l'anticipation de tout ce qui serait possible dans une société radicalement autre, et qui changerait AUSSI le statut de la femme. Et le regard porté sur elle.

Je ne dis pas aux femmes, soyez heureuses, mais seulement, savez-vous que vous pourriez l'être?

Mais il faut connaître aussi tout ce qui interdit le bonheur de la femme, et qui n'est pas seulement son oppression économique, conjugale et familiale.

On sait bien, parce que ce n'est que trop évident, que le bonheur est refusé aux femmes accablées de tâches et de soucis qui diffèrent indéfiniment et pratiquement jusqu'à la mort la jouissance de la vie. Quand une femme aurait-elle la possibilité de

jouir véritablement, d'elle, de l'homme, du soleil,
de la pluie, du vent, de l'enfant, des saisons et
même de la maison, lorsqu'elle est sans cesse
harcelée par la nécessité de pourvoir au plus
pressé : ménage, vaisselle, lavage, courses, repas-
sage, cuisine...

Quand pourrait-elle même entrevoir la possibilité du bonheur lorsqu'à la course épuisante, parer
au plus pressé, s'ajoutent la peine et l'humiliation
d'un travail sous-payé? Sans compter que cela
fait déjà deux hommes « véritables » dans sa vie,
un mari plus un patron, et que c'est beaucoup...

Tout ça, on est bien obligé de le savoir, parce
que ça ne peut pas se cacher, parce que *ça se voit*.

Mais sait-on assez tout ce qui interdit encore, et
peut-être plus radicalement, le bonheur de la
femme? Sait-on bien l'ampleur d'une tyrannie
qu'on ne voit pas, parce qu'on ne voit ni celui qui
l'exerce, ni comment il l'exerce, ni ce sur quoi
précisément il l'exerce?

Sait-on bien que, exclue de son corps, tenue
dans l'ignorance des jouissances qu'il recèle, c'est
l'aptitude même au bonheur qui lui fait défaut?

Si les femmes sont si peu militantes, si aveuglément conservatrices, n'est-ce pas aussi parce
qu'elles sont incapables de concevoir ce que pourrait être leur bonheur de vivre?

Le seul bonheur de leur corps dont il leur arrive
de se sentir privées est celui dont elles voient les
hommes disposer, plus et mieux qu'elles : la jouissance proprement sexuelle.

Les malheurs de leur corps qu'elles dénoncent

sont ceux qui se manifestent d'eux-mêmes, corps marchandise, corps jouissance de l'homme, grossesses forcées, avortements illicites (et leur hideux cortège de honte, de péril, de dettes)...

Ce bonheur leur manque (ne manque-t-il pas un peu aux hommes aussi?) et ces malheurs les brisent, ce n'est que trop vrai.

Mais quoi? Auraient-elles l'imagination si menue qu'elles ne sauraient envisager d'autres bonheurs avec celui-là? Auraient-elles la vue si courte qu'elles ne sauraient la remonter jusqu'à la source de ces malheurs-là? Auraient-elles l'esprit trop humble? trop paresseux?

Si seulement elles apprenaient à lire en elles tous les bonheurs dont le monde est sevré, leur lutte n'aurait-elle pas une tout autre vigueur et son indispensable rigueur?

Si seulement elles savaient, elles qui n'ont jamais rêvé que dans la nostalgie, qu'il leur est donné mieux qu'à personne d'annoncer la vie, de la promettre, de la vouloir...

Si seulement elles savaient que, si l'homme a fait ce monde qui est celui de l'oppression, c'est à elles d'abord de préparer l'avènement d'un autre monde, et qui serait enfin celui de la vie.

Les femmes ne sauraient être libérées tant qu'elles ne voudront pas aussi être libératrices, par la dénonciation et le combat, de *toutes* les oppressions, celles qui viennent de l'homme, du pouvoir, du travail, mais aussi celles qui viennent d'elles-mêmes et s'exercent sur elles, sur les autres et particulièrement sur leurs enfants : femmes sans corps, femmes sans sexe, désinfectées, désaffectées, femmes-magazine, femmes-pantins, mais aussi femmes complices de l'homme fort, du militaire, du mari, du patron et du flic, mais encore femmes jalouses, capricieuses et revanchardes, femmes bourgeoises, femmes mesquines, mais enfin et surtout femmes-dragons de la famille, femmes-martyres du dévouement, mères-poules dévoratrices, mères possessives et assassines, odieuses marâtres...

Tant que nous serons complices quelque part des oppressions de l'homme, tant que nous les répéterons sur nos enfants, fabriquant en veux-tu en voilà de vigoureux oppresseurs ou de dociles opprimés, jamais, jamais nous ne serons libres...

Non, je ne cherche pas à encourager les femmes à faire des enfants, non je ne cherche pas à les maintenir, à les ramener dans ce qui serait leur juste domaine; c'est un tout autre lièvre que je cours.

J'aimerais que les femmes apprennent à évaluer toute chose à travers leur propre regard et non à travers celui de l'homme.

Je voudrais que leur lutte contre le pouvoir mâle s'accompagne, se soutienne, ou plutôt s'habite d'une lutte impitoyable contre les valeurs-poisons de l'homme; parce que je crains bien que, sans la seconde, la première soit peine perdue et malheur répété.

Je voudrais qu'elles connaissent l'ampleur de ce qui leur a été dérobé et la nocivité des valeurs inséminées. Parce que je ne les voudrais pas seulement farouches, mais aussi voyantes, prophétiques.

Quand je découvre que l'accouchement est un éclatant bonheur et non un bourbier de souffrances abjectes, ce n'est pas seulement la révélation d'un trésor enfoui qui m'enchante et la splendeur d'un secret bien plaisant à divulguer... Car ce que je

pressens alors c'est le principe de leur machine de
guerre, non pas seulement contre la femme, leur
ennemi le plus menaçant parce que le plus doué
pour la vie, mais contre tout ce qui vit, parce que
c'est la vie qui leur nuit.

Je savais qu'ils voulaient du pouvoir. J'apprends
que ce pouvoir consiste à endiguer la vie, à l'étouf-
fer, à l'empoisonner.

Ce n'est pas seulement un pouvoir qui agit aux
dépens de la vie, c'est un pouvoir qui agit contre
elle. Et s'ils nous enseignent à aduler le pouvoir
sous ses formes les plus bigarrées, c'est pour nous
détourner de ce qui les menace le plus, notre goût
profond pour la vie.

Ils ne veulent pas que la femme jouisse de
son corps et de ses fabuleux pouvoirs. Ils lui
apprennent à jouir de colifichets et du mâle pouvoir. Car si les femmes découvraient qu'elles
peuvent jouir d'elles-mêmes, non seulement ils les
perdraient comme ils les veulent, mais elles les
perdraient, tels qu'ils se veulent.

Ils ne veulent pas que les travailleurs pensent
au bonheur et le réinventent, ils veulent que le
travailleur travaille à leur pouvoir, qu'il travaille
pour des jouissances dégradantes, abêtissantes,
rétrécissantes et tuantes qui réconfortent leur
pouvoir.

Ils ne veulent pas que les enfants découvrent
la joie intense de croître et de connaître, ils veulent
que les enfants apprennent à jouir d'automobiles

miniatures et de bons points, apprennent à ne pas
croître et à peiner, apprennent à entrer tout rôtis
dans un pouvoir qui les a paralysés.

Et comme ils veulent que les vieillards, pour qui
s'éteint enfin l'étoile du pouvoir, n'aiment pas
vivre! Ils veulent que les vieillards crèvent, ago-
nisent dans l'horreur et l'abandon. Ils veulent que
les vieillards revenus du pouvoir pleurent de vivre.

Ils veulent que toute vie encore soustraite à leur
pouvoir soit un fardeau maudit.

Mais c'est aussi à eux, les hommes, que je pense,
et eux qui me désolent, quand je découvre le
bonheur d'accoucher. Et je me dis que cette épée
qu'ils ont tournée contre la vie, voilà qu'elle les
atteint et les blesse eux aussi.

Non, c'est pas une vie que d'être un homme...

Parce que quand on est un homme, il faut être
viril, et cela sans répit, car la moindre défaillance
compromettrait le tout. Toujours occupé à réduire
au silence la femme, les enfants, les employés, les
voisins, mais aussi ses peurs et ses larmes, ses
lâchetés et ses désirs, même lui il faut qu'il en bave,
et pas des moindres...

C'est dans le bonheur d'accoucher que j'apprends
ce que l'homme a voulu : que la virilité ait le goût
du triomphe; que la féminité ait le goût de l'humilité et du sacrifice.

Ce n'est pas l'homme qui a décidé de me charger
de toute la part douloureuse de la procréation,
mais c'est lui qui a tout fait pour que la part

qui me revenait soit douloureuse. De même le partage entre tâches de femmes et tâches d'hommes s'est fait selon d'autres lois que celles de l'oppression virile; mais ce partage une fois instauré, reconnu, l'homme a tout fait pour qu'il soit conçu comme séparation entre une mauvaise part et une bonne part, d'un côté les vils travaux et de l'autre les prestigieux, d'un côté, tout à la fois, et habilement confondues, la preuve, la sanction, la cause de l'infériorité féminine, et de l'autre, tout à la fois, et habilement confondues, la preuve, la sanction, la cause, de la supériorité masculine.

Ainsi il a fallu, il faut toujours que le mâle avide d'exercer une réelle domination sur sa femelle répande le bruit que les tâches qui lui reviennent à elle sont des tâches viles, et les siennes de nobles tâches. Jamais l'infériorité prétendue de la femme n'aurait pu donner naissance à une exploitation solide, jamais même cette infériorité n'aurait pu être conçue si les tâches domestiques qui lui revenaient ne passaient pas pour viles, sales et indignes de l'homme.

Il est évidemment abusif d'affirmer un ordre dans la détermination, quand les trois termes du malheur féminin, infériorité, sort misérable, exploitation, sont étroitement mêlés et se soutiennent mutuellement. Pourtant, on ne saurait prétendre détruire l'idée de son infériorité ou le fait de son exploitation si l'on ne s'attaque aussi, et particulièrement, au dédain, au mépris ou à la pitié, c'est pareil, du sort de la femme, qu'il soit biologique (règles, enfantement, etc.) ou traditionnel (tâches domestiques par exemple).

Car le dégoût pour tout ce qui s'attache à la femme, la répugnance pour tout ce qui se désigne, naturellement ou culturellement, comme « féminin », est le véritable ciment entre l'idée de son infériorité et le fait de son exploitation.

Tant que l'on pensera que l'enfantement est l'horrible prix dont il faut payer la vie, tant que l'on continuera d'affirmer que les tâches domestiques (jusqu'à présent, plutôt en général à raison qu'à tort, traditionnellement imparties aux femmes) constituent comme le dit même le cher Lénine « le travail le plus mesquin, le plus sombre, le plus lourd, le plus abêtissant », ni l'idée de l'infériorité de la femme ni la réalité de son exploitation ne seront éradicées.

C'est vrai que le travail féminin est souvent abêtissant, comme l'est tout travail sans trêve ni répit. C'est vrai qu'elles sont lourdes les tâches domestiques, quand le harcèlement quotidien, la précipitation anxieuse volent toute perspective, tout plaisir de faire, et tout plaisir de vivre; voilà qui désigne justement la réalité d'un travail aliéné.

Mais sombre? Mais *mesquin?* Je lis ailleurs, et partout, sous toutes les plumes animées du souci libérateur de la femme, travail domestique = travail ingrat, sale, vil, dégradant, répétitif (comme si le travailleur qui fixe trente-cinq fois par jour une portière identique sur une identique voiture...

passons), improductif (comme si tant de milliers d'autres... passons encore), mais encore, humiliant, pauvre, asservissant...

A vrai dire, et pour tout ça, un seul petit qualificatif suffirait : *bas*. Toutes ces clameurs généreuses et indignées ne font que répéter ce que les hommes n'ont jamais cessé de se dire à mi-voix, autant pour se flatter que pour mater les femmes : tout ce que fait la femme, c'est de la *basse besogne*... Quel bel engrais, quel puissant réconfort de l'exploitation de la femme, quelle huile magique à la raideur de sa machinerie.

Si la besogne est basse, c'est que le travailleur est indigne, alors on peut bien le faire trimer nuit et jour, suer sang et eau, et se tuer à l'ouvrage, puisqu'il est indigne...

Écoutez-les pousser leur beau cri de justice : pourquoi, disent-ils, est-ce toujours à la femme que reviennent les tâches les moins intéressantes, pourquoi toujours à l'homme les tâches les plus intéressantes?

O naïve et perfide évidence!

O profonde tyrannie, et si aveuglément permise, du jugement mâle!

Se sont-ils seulement jamais demandé ce qui fait l'inintérêt de cet inintérêt-là? L'intérêt de cet intérêt-ci?

Non. Pour eux, tout ce qui s'attache à la femme, par nécessité, accident ou convention, se teinte immédiatement d'ingratitude, de bassesse. Jamais il ne leur vient à l'esprit que les tâches les plus prestigieuses, réservées aux hommes, ne brillent de tout leur éclat qu'autant que les femmes en sont exclues.

Leur indignation enflammée suit toujours, fascinée, l'oriflamme des viriles grandeurs. Au fond, ce dont ils ne cessent de s'étonner c'est qu'il y ait des femmes, ces pauvres êtres à visage humain, mais qui ne sont pas des hommes. Pourquoi les femmes ne sont-elles pas des hommes, répète leur étonnement stupide, et comme cela est injuste, ajoute leur fibre sympathique.

... Je me souviens d'une petite fille qui doutait de la bonté d'un Dieu qui tolérait, voulait peut-être, qu'il y eût des hommes noirs, des hommes jaunes, et pas seulement des blancs. Ce dieu-là ne lui semblait guère démocratique, raciste en quelque sorte...

... Et aussi d'une comptine de la petite fille...

> *Une négresse qui buvait du lait,*
> *Ah, se dit-elle, si je le pouvais,*
> *Tremperais ma tête dans ce bol de lait,*
> *Et serais plus blanche que tous les Français.*

Cesserons-nous jamais de vouloir peindre le noir en blanc?

Cesserons-nous jamais d'apprécier toute chose à la lumière du jugement mâle?

Franchement, qu'y a-t-il de si bas dans le travail d'une femme à la maison pour susciter aussi unanimement votre répugnance?

Est-ce le travail lui-même? Ou plutôt tout autre chose? Quelque chose comme une prolifération de plaies, une accumulation de vermine sur un corps désavoué, abandonné, répugné, châtié?

Faire la vaisselle, éplucher les légumes, laver le linge, repasser, épousseter, balayer, nettoyer les carreaux, torcher les enfants, leur donner à manger, raccommoder un pantalon usé... Travail mesquin? sombre? ingrat? stérile? dégradant? Qu'en dit le travailleur à la chaîne? Le visseur de boulons? le trieur de fiches, le tamponneur de timbres? la couturière à l'usine de confection? Et tant, tant d'autres?

Mesquin? sombre? ingrat? dégradant? Un travail bigarré, multiple, qu'on peut faire en chantant, en rêvassant, un travail qui a le sens même de tout travail heureux, produire de ses mains tout ce qui est nécessaire à la vie, agréable à la vue, au toucher, au bien-être des corps, à leur repos, à leur jouissance...

Ingrat un travail où les résultats sont immédiats, comme portés dans le faire? La maison se prend d'un air de fête, le repas sent bon, l'enfant gazouille, ses fesses soyeuses à l'air, et pour une heure d'application rêveuse, le pantalon usé fera bien encore une année...

Mais malheur, vous avez voulu que cela fût un service, du sacrifice, du dévouement et de la peine... C'était un rare bonheur, ce travail si près de la jouissance, il avait la valeur la plus haute, celle de la vie elle-même, ce travail si mêlé à la vie...

Vous avez inventé les terribles valeurs du pouvoir pour les tourner contre la vie, contre la femme, contre son ventre fécond, contre ses mains fertiles...

De ce travail précieux par excellence, de ce travail plus grand que tous les autres, puisque le sens des autres ne peut-être que de servir et préparer, agriculture, métallurgie, industrie, l'accomplissement ultime de celui-là, de ce travail que tous les hommes auraient dû se disputer s'ils avaient aimé la vie et non le pouvoir, on a fait un travail forcé, même plus un travail, un affreux boulet à traîner, une obscure fatalité, une faute jamais commise, et pourtant toujours à expier, celle d'être femme...

Ce n'est pas balayer ou torcher le bébé qui est mesquin, dégradant, c'est balayer angoissée à l'idée de tout le linge qu'on a encore à repasser; repasser en se disant que ça ne sera jamais prêt pour le repas du soir; voir sans cesse différé le moment où l'on pourrait s'occuper des enfants, aérer l'humus de leur terre, les arroser, les porter à bout de bras, leur mettre des rires dans la voix et des questions sur les lèvres...

Ce qui est humiliant, c'est de faire un travail qu'aucun homme ne consentirait à faire, de faire un travail qu'au moins la moitié de l'humanité regarde de haut, ne regarde même pas.

Ce qui est harassant, si pénible et douloureux, c'est que ces tâches à force d'être dégradées, déconsidérées, s'accumulent entre les seules mains des femmes, et qu'elles s'y épuisent, véritablement happées dans un engrenage de nécessités auxquelles elles ne peuvent échapper.

Si ce travail était perçu à sa juste et très haute valeur, il serait aimé, il serait choisi, convoité autant par les hommes que par les femmes. Il ne serait plus ce boulet, cette oppressante, irrespirable nécessité...

... Mais je rêve, j'utopographe, je sais.

Pour cela, il faudrait que soient crevées, ridiculisées, roulées dans la boue des plus pitoyables bouffonneries, toutes les valeurs mâles du pouvoir...

Mais il faudrait aussi que tout pouvoir soit arraché, brisé, réduit en cendres, laissant au peuple enfin non pas le pouvoir, mais sa seule puissance.

Ce que j'apprends dans le bonheur d'enfanter, c'est qu'il faut cesser de calomnier ce dont l'homme est exclu ou ce qu'il a dédaigné. Qu'il faut apprendre à aimer ce qu'il a rejeté, non parce qu'il l'a rejeté mais parce que c'est le meilleur.

Ce que j'apprends enfin c'est que l'enfantement ne vaut que parce qu'il est un bonheur, que s'il est un bonheur. En la matière je suis seul juge et nul ne peut me faire la loi.

Nul ne peut me faire la loi, ni forcer le travail

de mes mains à l'usage de sa paresse, de sa vanité et de son pouvoir.

Nul ne doit plus guider mon regard.

Apprendre à voir...

Si tant est que la division et répartition des tâches et rôles se soit faite originellement de façon judicieuse et rationnelle (hypothèse vraisemblable mais non certaine), il est simple de montrer qu'il est plus commode, plus intéressant pour la communauté, que les femmes retenues au logis par les soins nécessaires aux petits enfants soient chargées également de tâches qui exigent la présence, ou que la présence rend possibles (entretien des lieux, préparation de la nourriture, confection ou réfection des vêtements, etc.). Plus commode, plus intéressant pour la communauté que les hommes, plus indépendants vis-à-vis de leur corps (pas de règles, de grossesse, d'allaitement) soient chargés des travaux extérieurs qui exigent aussi plus de force physique (chasse, pêche, métallurgie, agriculture).

L'hypothèse de départ étant admise, on n'a non plus aucun mal à comprendre pourquoi ce sont les hommes, et non les femmes, qui font la guerre, et cela toujours pour les mêmes raisons.

Cependant, cela étant posé, ou plutôt présupdosé, le problème reste entier. Comment, à partir de différences entre l'homme et la femme dont

on aurait su tirer parti dans une judicieuse orga-
nisation du travail, a pu naître l'idée de l'infériorité de la femme, et la réalité de son oppression?

Je ne me demande pas, comment se fait-il que
l'homme se soit octroyé la meilleure part, laissant à la femme la pire? mais comment se fait-il
que la part de l'homme soit devenue la meilleure,
et celle de la femme la pire?

Comment toute activité spécifiquement virile
est-elle aussi activité prestigieuse?

Pourquoi toute activité spécifiquement féminine est-elle synonyme d'ingratitude?

Comment parvient-on à une réelle inégalité
de condition? Comment réalise-t-on l'état de
dépendance de la femme vis-à-vis de l'homme
qui s'arroge le pouvoir de promulguer les lois et
de les faire appliquer? Le pouvoir de lui imposer
un travail, dont lui s'écarte?

Pourquoi a-t-il fallu que l'un des termes de la
différence, la virilité, soit universellement, et
donc comme par nécessité, privilégié par rapport
à l'autre?

Il y a deux façons de dire que la réponse à ces
questions va de soi :

En posant qu'une réelle supériorité de l'homme
suffit à justifier le reste.

En admettant, ce qui n'est finalement qu'une
variante, que la supériorité physique de l'homme
s'est muée par une sorte de progression naturelle

en pouvoir d'oppression des autres et glorification de soi.

En effet, ce raisonnement n'est possible que parce qu'il s'appuie sur l'idée d'une infériorité physique de la femme, dont le critère d'appréciation est la seule force physique (celle d'abattre des arbres, de courir, de soulever des pierres, etc). Mais si l'on veut bien considérer que la capacité de perpétuer la vie, d'enfanter et de nourrir l'enfant, est une capacité physique, la supériorité physique de la femme est alors évidente; surtout quand on ignore le pouvoir fécondant de l'homme, ce que les faits ne disent pas d'eux-mêmes.

Ce qu'il faudrait comprendre c'est pourquoi, comment, à partir de capacités physiques certainement différenciées, mais qui ne peuvent se penser d'emblée en termes d'inégalité (pas de référent commun qui les puisse mesurer), l'un des termes de la différence s'est trouvé hautement valorisé par rapport à l'autre. Car rien, a priori, ne permet de comprendre pourquoi ce terme-ci plutôt que celui-là. Pourquoi le pénis plutôt que le vagin?

Bien sûr que les femmes, les petites filles, pleurent de ne pas avoir de pénis, oh la grandiose découverte! C'est le contraire qui serait étonnant quand on sait quels mérites sont accordés au sexe mâle, quelle dévotion, quel respect il suscite! Pourquoi a-t-il fallu que ce soit les femmes qui pleurent? Pourquoi fallut-il que l'un des deux pleure?

Pourquoi celui qui sert l'autre est-il le *domes-*

tique, celui qui est attaché aux tâches quotidiennes de la maison, et pas plutôt celui qui va chercher la nourriture, la produit, forge les métaux, repousse l'agresseur ou agresse à son tour, au péril de sa vie, qui n'est alors que le moyen, l'instrument propre à préserver ou agrandir le domaine de la communauté?

Pourquoi la femme a-t-elle été décrétée au service de l'homme et pas l'inverse? Pourquoi fallut-il que l'un fût au service de l'autre?

Comme tout cela ressemble à l'aigre et fielleuse vengeance de l'impuissant...

Comment espérer une juste réponse aux questions que je pose? Elles sont notre nuit même. Elles n'ont pour elles que la religieuse parole des mythes. Si le mythe n'est pas vérité, il est aussi tout le contraire du mensonge quand il sait me parler, et maintenir vivace, brûlante en moi, la plus insoluble question.

J'ai semé une histoire dans le terreau obscur de mes questions. Pas une thèse, une hypothèse, non, une histoire, comme celle qu'on raconte aux enfants...

C'était au temps d'avant. Il y avait la terre, le ciel, les nuits, les jours. La pluie et le soleil, le cycle des saisons. Il y avait la graine qui germait, l'arbre qui grandissait, s'imposait, prospérait, donnait ses fruits, puis déclinait dans une lente douceur. Il y avait le ventre des femmes qui se soulevait, se gonflait pendant de longs jours, et dont le nouvel être jaillissait. Il y avait des enfants qui devenaient grands, et des grands qui s'inclinaient vers la terre, et mouraient.

Les astres tournaient dans les nuits, les saisons revenaient aux saisons, et les nuages s'emportaient dans le vent du temps.

L'air passait sur les peaux attentives. La pierre usée des ancêtres demeurait.

Le monde était la noce amoureuse d'une permanence et d'un passage. Vivre était l'épreuve aiguë du passage dans la permanence de toutes choses, quand on n'avait pas séparé ce qui passait de ce qui demeurait.

Toute chose vraie était une maison et le collier des jours.

Les corps passaient dans leur demeure de corps. Sans trahison l'enfant émergeait dans l'adulte, sans lésion l'adulte devenait vieux, et l'on voyait passer sur le visage du vieillard dénudé le sourire intact de l'enfant.

Ils appelaient vie l'indissoluble mariage de l'être et du devenir, du toujours là et du jamais plus, du même et de l'autre.

Et leur réponse à la vie, qui liait l'étonnement à la reconnaissance, ils l'appelaient amour.

Ils se regardaient, se reconnaissaient, s'étonnaient de se reconnaître, semblables et différents, mêmes et autres, liés et déliés, unis et séparés. Ils voyaient des hommes et ils voyaient des femmes.

Que voyaient-ils de l'homme? Celui que la femme avait porté, amené à la vie dans sa générosité féconde.

Que voyaient-ils de la femme? Celle dont procédaient les êtres nouveaux, hommes achevés et femmes fécondes, dont pourrait à nouveau procéder la vie.

De la femme sortait la vie, passage et permanence des êtres. La femme seule paraissait habitée, détentrice de la merveilleuse puissance de toute chose.

Alors que les hommes ne savaient pas encore que lorsqu'ils s'unissaient à elles, cette puissance leur appartenait aussi, la femme était l'objet de toutes leurs dévotions, amoureux qu'ils étaient encore de la vie.

La femme était au cœur de la nature. Elle seule était dans le secret, réitérant à travers son propre corps le mystère de toute chose.

L'enfantement était l'acte le plus sacré, le plus terrible et le plus merveilleux de la vie.

Et les femmes d'alors étaient orgueilleuses et superbes.

Et l'homme portait, sans en être accablé, de sa naissance à sa mort, le statut de l'humilité. La nature l'avait fait utile et dévoué. Mais il n'était qu'un rameau achevé de la vie. Quand venait le moment de sa mort, tel un sarment sec, il se détachait de l'arbre de vie poursuivant sans lui sa lumineuse floraison.

L'homme servait la femme, dans la mesure où il était le moyen de la vie entretenue et préservée, l'intermédiaire entre les femmes, sources de vie, et la nature, riche de ce que convoitait la vie.

L'homme inventa l'outil à son image. Objet

précieux s'il en est, mais qui n'a nulle fin en lui-même, qui n'est là que pour servir la vie, et que l'on jette sitôt qu'il ne sert plus.

L'outil éveilla curieusement son intelligence. Il considéra ce lien nouveau qui l'unissait à l'outil. Il sut qu'on pouvait faire l'outil ou ne pas le faire. Que c'est de lui que dépendait le sort d'un silex, silex pour tailler, ou silex à tailler.

L'homme se posa alors une redoutable question : Pourquoi elle, et pas moi? Pourquoi m'a-t-elle fait homme, plutôt que de me faire femme? Pourquoi l'avait-elle privé de ce qu'elle détenait et pouvait accorder, la fécondité?

Et l'homme eut du ressentiment contre sa mère.

Ce fut dans un premier sentiment d'injustice que les hommes se tournèrent contre les femmes, fermèrent leurs poings, bandèrent leurs muscles, et c'est portés par l'appétit d'une vengeance qu'ils concentrèrent leurs esprits.

Ils prétendirent partager l'acte sacré de la naissance. Tout homme s'attacherait à une femme, à son service particulier, et l'on dirait désormais que l'enfant procéderait de la femme ainsi que de l'homme attaché à la femme. Ignorant de la relation qui existait entre lui et l'enfant, il inventa la paternité qu'il pensait être son décret.

Les femmes également ignorantes, et donc sûres de leurs prérogatives, consentirent sans peine à cette feinte.

Pour répondre à la puissance qu'elles seules

détenaient, ils conçurent un pouvoir qui leur per-
mît de rivaliser avec elles.

Ne disposant d'aucun pouvoir individuel, le
pouvoir ne pouvait leur venir que de la coalition des
forces mâles individuelles. Les hommes s'associèrent.

Les femmes se plurent à voir décupler les fruits
de leur travail. Elles se plurent à les voir s'achar-
ner à construire, défricher, cultiver, combattre et
s'enorgueillir d'eux-mêmes.

Enfin ils purent dire : Ceci est le propre de
l'homme, et vous femmes, étrangères à ce que
nous avons fait, n'y aurez désormais nul accès.

Elles y acquiescèrent d'autant plus volontiers
que, sensibles aux avantages immédiats de leur
coalition, elles ne voyaient rien en ceci qui portât
atteinte à leur puissance propre, et à leur valeur
qu'elles pensaient indestructible.

Du pouvoir de faire, ils passèrent au pouvoir
de décider.

Et la porte de la mâle suprématie fut ouverte.

Toute l'histoire de l'homme consiste à instaurer
un domaine d'activité dont il écarte les femmes,
et dont il puisse user pour réduire, soumettre la
puissance jusqu'alors triomphante des femmes.
A inventer, à prendre la parole.

Et curieusement, étant donné les moyens dont
ils disposaient, et la nécessité d'une coalition entre
eux pour se mesurer aux femmes, ils imitèrent
profondément la seule puissance qu'ils connais-
saient, celle de la femme.

Elle était dans l'acte d'engendrer permanence
et passage.

Ils se conçurent comme passagers construisant la permanence. Ils inventèrent l'Histoire, parodie de la vie.

Ils se voulurent créateurs et prophètes. Fondateurs, bâtisseurs et maîtres d'empires.

Ils voulurent que la terre ne fût plus la terre, mais la terre de l'homme. Ils la retournèrent, l'éventrèrent, la soulevèrent. Ils la firent autre, plus riche et moins précieuse.

Ils voulurent que s'instaure entre eux et les choses un lien qui fût aussi étroit que celui de la femme à l'enfant qu'elle porte; ils instaurèrent la propriété qui n'en est que l'image corrompue, retombée dans l'inerte. Là, le lien n'avait de sens que tant qu'il préparait la vie et cessait de lui-même quand l'éclosion propre de la vie nouvelle le rendait superflu; ici, ils fixèrent un lien qui au lieu de promettre soumet, un lien qui n'a de sens que parce qu'il garantit le pouvoir, un lien qui loin de s'estomper ne peut que se renforcer d'un pouvoir qui le favorise. Un lien qui, s'il nourrit parfois son homme, affame tous les autres. Le lien maudit enfin, où s'étrangle la vie.

Ils annoncèrent le royaume de l'homme.

Ils inscrivirent au firmament des valeurs qui n'y étaient point. Et ils les imposèrent du poids de leurs muscles alliés, de leurs armes, de leurs outils féconds, inondés qu'ils étaient de leur neuve puissance, encore tout à l'élan de leur vigoureuse naissance.

Les femmes s'étaient amusées de leurs premiers ébats comme aux jeux de leurs enfants. Il leur

fallut découvrir la crainte. Et la crainte bientôt
leur apprit le respect. Elles consentirent au respect,
ignorant sans doute qu'elles apportaient par là à
l'oppression qui les menaçaient l'aliment le plus
sûr. Et elles sonnèrent le glas de leur heureux
destin quand elles consentirent au respect, cet
arrangement tacite entre le faible et le fort, où le
faible fait l'économie de la douleur humiliée et le
fort se préserve de la révolte du faible; arrangement pris sous la contrainte et tout au bénéfice du
fort.

Ils dirent que ce qui valait, c'est ce qu'ils avaient
fait de leurs propres mains, que ce qui avait été
fait sans eux et continuait à se faire sans eux, la
terre et les saisons, la grossesse des femmes, la
circulation obscure des sèves innombrables, le soin
attentif des enfants, la préparation des mets,
n'aurait aucune valeur propre.

Ils dirent que eux valaient, qui avaient fait
ce qu'ils avaient fait, et non les femmes.

Autrefois ils venaient à la femme, tremblants,
heureux de s'unir à elle, de répondre à son désir,
maintenant ils cherchaient à s'assurer dans l'acte
sexuel de leur victoire sur elle. Ils ne voulurent
plus qu'elle les accueille ou les refuse selon son
plaisir, ils voulurent qu'elle n'eût plus son mot à
dire. Ils voulurent seulement la violer. Ils inventèrent la violence.

Ils firent de la sexualité l'acharnement ultime
de l'homme sur la femme, dont la fin serait sa
mort, sa chute. Et l'accouchement serait le douloureux vestige de sa déchéance, les affres, les

tortures témoignant pour toujours de sa destitution.

Ils dirent que la part de la femme était celle de l'ingratitude. Ils dirent que si elle était modeste, comme il convenait, et toute dévouée à la grandeur de l'homme, ils lui consentiraient en retour protection et tendresse.

Afin de promouvoir exclusivement ce qu'ils avaient construit, il leur fallut dénigrer l'essentiel du vivre, qui s'appelait aussi bonheur, rire, danser et regarder le ciel, boire, manger, se fondre aux autres corps, caresser les enfants et leur agrandir les yeux, taquiner les vieillards et les cajoler. Ils virent dans tout ceci le résidu obscur de notre animalité. Mieux valait ne pas y penser, le faire quand il le fallait, mais sans y penser; on n'y pensa plus.

Toutes les ferveurs du vivre s'éteignirent.

Le rire cessa d'être la transe délicieuse du bonheur. Seul le chatouillement acide autorisa le rire, exutoire brutal à de nouveaux malheurs; le rire n'eut plus le sens que de la diversion.

La danse était le moment le plus intense, le plus brûlant, extase et douleur mêlées, du passage dans le vivre; elle ne visa plus qu'à l'expulsion de l'amour du vivre, désormais trop encombrant. La danse pressant le pus d'un bonheur désormais répugné, la danse soulagement, épuration, oubli, la danse pervertie, dégénérée...

Le bonheur fécond des enfants cessa d'être

l'objet de l'attention émerveillée et de la peine
joyeuse des adultes; il fallut penser, et avant tout,
à leur dressage. L'amour des adultes pour leurs
enfants était la sève de leur dilatation et propre
floraison. Cet amour, qui n'était jamais que la
façon dont les adultes étaient heureux, fut à son
tour perverti. Il agrandissait; il fallut qu'il rape-
tisse. Il amenait à la lumière, il fallut qu'il humilie. Il était jouissance; il s'affubla du masque du
devoir et prétendit s'ennoblir par le sacrifice et
l'abnégation.

Et les femmes, abîmées, déchues, consentirent
au dressage des enfants, pour se venger sur eux
des contraintes qu'elles subissaient ailleurs.

Puis on dit que l'exercice du pouvoir émanait
justement de la « nature » de l'homme. Un homme
sans pouvoir, quelles qu'en soient les raisons, ne
pourrait être considéré comme un homme accompli, et ne devrait plus servir qu'à accroître le pouvoir de ceux dont il émane naturellement. Le
vaincu serait esclave, l'ancien colonisé, travailleur
à la chaîne; et le vieillard vraiment plus bon à rien,
devrait s'en aller crever dans son trou de misère,
et sur la pointe des pieds, pour ne déranger personne.

Voilà, histoire de *me* plaire, et non de lui plaire
à lui pour une fois, l'histoire du vigoureux ressentiment de l'homme contre la femme, l'histoire
d'une vengeance réussie.

Si le malheureux se venge de l'innocent, il
triomphe. Le malheur est une arme. L'innocence a
les mains nues. Mais si le vengeur convertit l'inno-

cence en malheur, cesse-t-il, lui, d'être malheureux
pour autant? Non seulement sa vengeance ne peut
que différer son malheur, mais elle le met sous la
menace de l'arme du malheur infligé.

L'homme vengeur ne saurait être heureux.

Je sais m'émerveiller de l'homme, de sa verte énergie, de sa cruauté féconde, de son extrême habileté à mentir, des ruses innombrables auxquelles il se livre pour empoisonner ce qui le blesse, outrager ce qui l'humilie, et fuir ce qui le menace. Vrai, tout ce qu'il a fait, il fallait le faire, et ce n'est pas rien...

Mais je ne peux m'empêcher de rire, vraiment de rire, devant l'énormité, et le succès auprès des sommités intellectuelles, de ce qu'il dit, sous couvert de science, du malheur d'être femme. Que je découvre dans l'angoisse et le désespoir mon absence de pénis? Moi? Et qu'il me faudra porter ma vie durant cette absence comme la croix de mon humilité? Franchement, de qui se moque-t-on? Est-ce de la femme? N'est-ce pas plutôt de l'homme lui-même qui se voit obligé, contraint de répandre, avec tout l'appareil pontifiant de la théorie, de telles contre-vérités?

Faut-il qu'elle ait été lourde sa peine d'être homme au ventre toujours vide, au ventre muet, au ventre qui ne saura jamais nourrir que les vers, pour avoir tenté de se convaincre par la plus captieuse des rhétoriques que j'enviais son sort!

Faut-il qu'il ait douté de la valeur de ce pénis, collé au bas de son ventre comme une pièce rapportée, un instrument embarrassant et laid, comme séparé de lui, tant qu'il n'est pas en activité, faut-il qu'il ait douté de sa valeur pour que seule mon envie pût lui en prêter quelqu'une... De quelle noire amertume a-t-il considéré son sexe débandé et ses molles couilles velues pour désirer si fort que je désire être lui?

Je regarde les graffiti anonymes des toilettes publiques, du métro, des coins obscurs. Je vois des seins de femme, des clitoris, des vulves, des fesses de femme, les poils de son pubis; je ne vois jamais de l'homme qu'un sexe énorme, dilaté, comme extrophié. A feuilleter les illustrés dits pornographiques, il semble que la femme est d'elle-même sexuée, érotique, mais que l'homme ne l'est qu'à condition d'être en érection.

L'homme ne parviendrait-il à se percevoir homme que dans l'instant éphémère de son apothéose?

L'homme ne se concevrait-il comme sexué, sexuel, donc homme véritable, que lorsqu'il est en érection?

Tout se passe comme si l'homme manquait d'une représentation de lui-même qui intègre de façon permanente et continue sa sexualité. Entre le moment où il bande et celui où il ne bande pas s'inscrit le schisme entre deux images de lui-même, l'une à laquelle il voudrait s'identifier, car c'est là seulement qu'on le reconnaît dans sa détermination spécifiquement sexuelle, et l'autre où il s'égare angoissé dans l'indéterminé.

Il me semble que, ne disposant pas d'une image cohérente et ferme de lui-même, impuissant à se saisir dans ce qu'il *est*, il se forge alors une image extrêmement contraignante de ce qu'il *doit être*, s'il veut être un homme véritable.

On peut dire de la femme qu'elle est sensible, accueillant, sans menace pour elle, le divers, fantasque, mystérieuse, faible, résistante, généreuse, égoïste, bref indéterminée; on peut dire de la femme tout et n'importe quoi, sans craindre de voir s'évaporer pour autant son être de femme.

Si le statut de la femme est celui de l'infériorité, si le rôle qui lui revient est d'assumer dans le dévouement les tâches douloureuses et ingrates, il n'en reste pas moins vrai qu'il est facile d'*être* femme : il n'y a qu'à se laisser porter. Inconséquente, illogique, imprévisible, elle n'en est pas moins femme, dit-on, et peut-être davantage encore.

Aux femmes, le luxe de pouvoir broder indéfiniment sur la toile aux mille nuances de l'« insondable » âme féminine. Aux hommes, la glaciale nudité de l'impératif catégorique, du « il faut », du « sois viril » si tu es un homme.

Et s'il y a un malheur d'être femme, contrainte dans ses actes, volée dans son corps, aliénée dans son travail, sans cesse déplacée d'elle-même et de la jouissance propre de la vie, il y a aussi un malheur d'être homme. Et je prétends sans sourciller que les hommes souffrent et endurent dans

la peine et le sacrifice la redoutable exigence de
leur virilité.

Dites à une femme qu'elle est faible; elle soupire,
baisse les yeux et ronronne.

Dites à un homme qu'il est faible (ou plutôt
lâche, puisque chez lui la faiblesse se convertit
immédiatement en péché); il pâlit, tremble, se
décompose.

Comme si, face à une valeur originelle, indéniable, constitutive de la femme, l'homme n'avait
réussi à s'apprécier, ou simplement à se définir,
que dans la réalisation d'un devoir-être de la
virilité.

Comme si, alors que la femme se justifierait
d'elle-même, l'homme ne serait justifiable de lui-
même que sous certaines conditions.

Il semble qu'il ait tout fait pour effacer, enseve-
lir l'image flottante et indécise de lui-même qui
l'empêche de se reconnaître comme sexué, comme
particulièrement homme, tant que son sexe n'est
pas en activité, et n'ait pu réussir à l'oublier
définitivement qu'en la recouvrant de l'exigence
d'un devoir-être, où les fins à atteindre miment
à un autre niveau ce qu'il perçoit de lui au moment
de l'érection.

Bref, comme si l'homme, ne se sentant que briè-
vement sexuel, et par là incertainement sexué,
s'imposait par des moyens détournés de l'être à
temps complet. D'où la volonté de pratiquer un
certain nombre de vertus qui paradoxalement
seraient le propre de l'homme, et permettraient en
retour de le définir.

Certes, les hommes ont pris le pouvoir. Certes nos sociétés sont phallocratiques. Mais s'est-on jamais profondément interrogé là-dessus? N'a-t-on pas toujours fait comme si la virilité, d'ores et déjà donnée, vouait l'homme au pouvoir, soit en raison d'un irrépressible penchant, soit en raison d'une aptitude toute particulière? Mais c'est alors oublier que la virilité n'est justement jamais donnée d'avance, qu'elle est toujours à conquérir, à réaliser...

Car l'homme « véritable », ce « *richtiger Mann* » qu'appelle la voix ironique et désabusée de Marlène Dietrich, cet homme qu'elle veut, cet homme vrai de vrai, il est tout ce qu'il y a de plus difficile à trouver. Parce qu'il ne suffit pas d'être un homme pour être un homme, un « véritable » homme, un homme vrai de vrai.

L'homme véritable ne correspond nullement à une idée générale, abstraite, des hommes empiriques, c'est tout un programme moral de vertus particulières, d'interdits spécifiques, de contrôle de soi. Un idéal contraignant.

Face à la relation du sexe mâle et du pouvoir, relation si étroite qu'en parlant de l'un on parle de l'autre, on a admis pour acquis d'avance ce qui justement ne l'est pas et fait l'objet de toute la quête de l'homme : sa virilité.

Par le monopole du pouvoir l'homme acquiert un statut qui le distingue, délimite un territoire qui est sien, et confère ainsi un air imposant de

réalité à ce qui demeure toujours problématique :
sa virilité.

Qu'est-ce qui les fait courir si fort sinon ce qui
ne cesse de leur manquer, la certitude d'être toujours homme, tel qu'ils peuvent et veulent seulement concevoir l'homme, dressé, important, actif,
dispensateur de biens, maître de cérémonie, coq au
poulailler, bref, bandant.

Ainsi, ce ne sont pas les vertus particulières de
leur sexe qui les conduisent au pouvoir, mais le
monopole du pouvoir qui leur prête un sexe, vertus
particulières de l'homme, susceptibles de le distinguer de la femme.

« Sois un homme, mon fils. » Les hommes vivent
hantés par cette épée de Damoclès qui ne cesse
jamais de les menacer. Si tu n'es pas un homme,
tu es un RATÉ. Un raté de la vie, une honte,
minable, moins qu'une femme, moins que rien :
un DÉBANDÉ.

Je ne peux m'empêcher de voir derrière leur face
imposante, leurs mines de fermeté, le petit garçon
honteux, l'adolescent oblique, dérobé, se mal
aimant. Je vois l'enfant dans l'homme bien mieux
que je ne le vois dans la femme. C'est que je
reconnais en lui les stigmates d'une cruauté très
ancienne. « Sois un homme, mon fils... » C'est si
tôt que le petit garçon doit apprendre à entrer
dans l'uniforme dur et étroit de l'homme.

Hommes inquiets, hommes déchirés d'incertitude, hommes anxieux, il n'y a que les applau-
dissements de la galerie qui parviennent un
instant à les apaiser. Ce n'est pas la femme qui est

fragile, ce n'est pas l'enfant, c'est l'homme.

Hommes crâneurs, hommes susceptibles, hommes blessés, tout les menace douloureusement : la mort, la maladie, leur ôtant la possibilité de faire leurs preuves, la perte de leurs proches, qui les prive de ces doux regards d'indulgence dans lesquels ils pouvaient s'oublier, l'insulte du copain, l'infidélité de leur femme, l'arrogance de leur enfant. Hommes si vulnérables, que toute légère cruauté envers eux prend le visage de l'abandon. Car ce dont ils doutent ce n'est pas du copain, ce n'est pas de la femme, ce n'est pas de l'enfant, c'est d'eux-mêmes...

Ils se demandent tant. Les femmes aussi, ces imbéciles qui se prennent pour des dames parce qu'elles exigent des « hommes », des vrais, leur demandent tant. Que reste-t-il d'un homme qui n'a pas su se montrer à la hauteur de la virilité?

Une femme fait l'amour et ne jouit pas; elle n'en fait pas une maladie, elle s'en fiche en quelque sorte, elle dispose d'un tas d'explications possibles, elle est fatiguée, elle n'en avait peut-être pas tellement envie au fond, son partenaire est inhabile, etc., mais elle n'en choisit généralement aucune, elle laisse courir.

Pour lui c'est une vraie catastrophe, un fiasco, le ratage de son être d'homme. Quelle terreur l'empoigne quand il va jusqu'à oser penser qu'un jour, peut-être, il ne pourra plus baiser. Et c'est bien autre chose que la transe fulgurante de l'or-

gasme qu'il pense devoir perdre... Si je peux pas
bander, si je peux pas baiser, c'est que... pas vraiment un homme... Et quand je pourrai plus, plus
du tout... Il faut avoir vu de près, un jour, un
homme que cette pensée traverse, pour pressentir
tout le malheur stupide de l'homme... Comment
ne pas vouloir un monde où l'on pourrait aussi
faire l'économie de ce malheur?

Mais s'il n'y avait que ça... A vrai dire c'est
sans répit que l'homme est placé sous la contrainte
d'être un homme. Un homme doit être fort, cou-
rageux, travailleur, solide. Ne pas pleurer, ne pas
montrer qu'il a du chagrin, ne pas se soucier
exagérément de son apparence physique, ou s'en
soucier mais sans que nul ne s'en aperçoive, ce
qui est extrêmement difficile, ne pas gémir quand
il a mal, serrer les dents, ne pas avoir peur au
combat, ou ne jamais le laisser voir, ne pas se
dérober au danger, être fort, fort, toujours fort...

Ne pas montrer qu'il a peur de la mort.

Lui, le pauvre, qui la redoute si fort. C'est à lui
qu'il demande cette témérité, à lui qui tremble
devant elle comme l'agneau devant le loup, à lui
qui passe son temps à faire des tractations avec
elle, essayant tour à tour toutes les combines
possibles qui pourront le délivrer de cette obsession, la chercher sur sa moto, sur le flanc abrupt
de la montagne, dans la bagarre dangereuse, pour
qu'elle vous débarrasse au plus vite, ou alors faire
comme si on était immortel, s'arranger pour ne
jamais penser à ça, s'agiter, séduire, entreprendre,
toujours recommencer quelque chose de nouveau,

ne jamais s'arrêter de se mettre toujours à l'origine, ou alors passer toute sa vie à essayer de la prendre par la raison, comme Épicure. « La mort n'est rien. Ni pour les vivants puisqu'ils sont vivants. Ni pour les morts, puisqu'ils sont morts. » Ou encore prendre avec elle des airs de matamore, l'aventure, l'art, l'héroïsme, et on dirait que ce sont des « défis » à la mort (comme si elle en avait quelque chose à faire, la mort...) genre Malraux... Ils sont tous pareils, l'idée de la mort les persécute littéralement. Ce dont ils s'occupent, ce n'est jamais de vivre mais de transiger avec la mort. Et c'est lui, le malheureux, qui doit la regarder de face, s'il est un homme.

Et vraiment l'homme me fait de la peine quand je le vois se réclamer de, et prétendre à, tant de sérieux, lui qui est si radicalement, si magnifiquement joueur! Ce qu'il veut c'est s'amuser, brouiller les cartes, lancer les dés, bricoler, changer la place des choses, intervertir l'ordre des saisons, miser, parier, risquer, investir, gratter, fouiller, sonder, découvrir, inventer, bousculer les éléments, l'air, la mer, les montagnes, le temps, manipuler les chiffres et les lois, jongler avec les hyperboles, les asymptotes, les tangentes, les disjonctions non exclusives... Et c'est eux, eux qui se raidissent d'importance, s'enferment dans l'armure de la gravité humaine, parlent d'ordre, de justice... Eux encore qui invoquent les valeurs sacrées en barrant leur front d'un cosmique (des plus comiques) souci... Eux qui tous les matins répètent leur leçon en serrant leur cravate devant la glace :

Autorité. Responsabilité. Devoir. Fermeté. Honneur. Travail. Courage. Solidité. Sérieux. Droiture... VI-RI-LI-TÉ.

Sans compter qu'ils s'obligent les uns les autres à un cinéma ininterrompu, harassant. Chacun sait qu'il n'est pas à la hauteur de la virilité exigée, qu'il fait semblant, qu'il parade, mais il ne sait pas que tous les autres sont comme lui, il pense que c'est sa honte à lui, sa misère particulière. Il croit toujours que les autres sont virils, et que lui ne l'est pas vraiment, pas assez, pas encore, et si ça se voyait... malheur! Alors ils mettent des épaulettes, roulent des mécaniques, dressent leur fier regard... Pas un employé de bureau qui ose désormais circuler sans son « attaché-case ».

La virilité exige l'importance.

A l'homme sont refusés : la paresse, le laisser-faire, le désordre des conduites, l'imprécision du personnage, l'abandon à une parole autre que la sienne. L'homme ne peut être reconnu en tant qu'homme et ne se reconnaît lui-même que s'il donne au mouvement qui le porte la forme de l'appétit sexuel ou l'aspect d'une quête du pouvoir, d'un certain pouvoir.

Hors du sexe affiché, l'homme se dissout, perd son identité, plonge dans une horrible angoisse qu'il pense être l'idée de sa mort future, et qui n'est que le sentiment d'une mort déjà réalisée, consommée.

Évincé de son enfance à seule fin d'acquérir, au moment de sa confiance la plus irréfléchie, son identité mâle, l'homme sera également exclu de sa vieillesse. Privé des manifestations tangibles et rassurantes de sa sexualité, inapte à conquérir de nouveaux pouvoirs mais plutôt susceptible de percevoir toute la dégradation de ses pouvoirs anciens, que reste-t-il de lui? Que reste-t-il de ce qu'il avait cru bon d'être?

La vieillesse est pour l'homme un enfer précoce qui le punit atrocement de sa virilité.

Non, ce n'est pas une vie que d'être un homme.

Et s'il faut apprendre à voir toute chose autrement que par le regard de l'homme, c'est parce que ce regard porte en lui autant de malheur que de méchanceté.

Et voilà un bon siècle qu'on ne peut plus le tenir. Déchaîné il est, l'homme. Soi-disant, ce qu'il aime par-dessus tout et qui fait sa grandeur, c'est l'ACTION. Ah, l'action, l'entreprise, l'aventure, la recherche, l'exploration, l'exploitation de tout ce qui était resté inexploité (le monde se divisant désormais pour lui en deux catégories d'objets, l'ensemble de ce que l'on exploite déjà et l'ensemble de ce qu'on n'a pas su ou pu encore exploiter), il n'a pas assez de mots pour s'exciter à la grande agitation.

Il rue dans les brancards, il lance ses puissantes machines, il fonce à l'assaut peu importe de quoi, il gueule, il hurle, il fait la guerre à la moitié de la planète, il envoie dans l'azur ses zincs vrombissants, il lâche ses bombes, il rase les villages rebelles, il appelle ça nettoyer, il fait place nette pour l'implantation de ses grands desseins, il éventre les déserts, il tond les forêts, il glace la terre dans le bitume, cette fois pour la circulation de ses grands desseins, il fait un tapage assourdissant, l'homme, un horrible vacarme, à ne plus mettre un chat ou un bébé dehors.

Mais lui il est content, parce qu'il s'y *croit*.

Malgré ses larmoyantes et jésuitiques remontrances
sur le thème constant, qui ne sert à rien mais qui
peut toujours servir dans les nobles discours, de
l'apprenti sorcier, malgré certaines de ses clameurs
sur la belle récolte de calamités qui attend l'humanité (on ne sait jamais, il se dit, si jamais c'était
vrai, que j'aie le temps au moins de placer mon
chant du cygne), malgré tout ça, rien à faire, il
s'y croit, dans le juste et fertile mouvement de
l'humanité. Rien ne peut lui sortir de la tête que
tout de même et malgré tout, il est dans le coup.

Tous copains pour les grandioses conquêtes de
l'homme. Science, technique, industrie, politique,
c'est la ronde folle de l'universel négoce. Et ça
y va des bonds en avant, des formidables essors,
des accélérations de progrès qu'on n'arrête pas.

Les anciens Grecs, eux au moins, quand ils
faisaient de la science, c'était pas pour faire des
bonds en avant, c'était pour s'arrêter. Contempler
enfin le monde dans la douceur des questions
répondues, apaisées.

Lui, ce qu'il veut au contraire c'est surtout
ne pas s'arrêter. Être toujours au commencement
de l'acte, tendu par le désir; sollicité par l'avenir.
Hors du projet, il s'englue dans la pâte molle et
visqueuse de la vie. Hors de l'entreprise, il se
décompose et périclite.

Et depuis un bon siècle que les penseurs
paraissent se tenir à l'écart de la frénésie de l'entreprise, qu'ils dénoncent la vanité et les méfaits
du système bourgeois, capital-colonial-impérial, ils
ne cessent en fait d'acquiescer aux valeurs, à

l'esprit qui hante toutes les fièvres modernes de la puissance virile en acte.

Pendant que les autres se jettent dans la guerre, le trafic, le négoce, la carrière ascendante de la puissance, eux les penseurs ferment avec dédain leur fenêtre sur tout ce tintamarre et s'asseyent à leur table dans le silence de leur beau papier blanc.

Mais voilà : dès qu'ils décapuchonnent leur stylo, ça les prend, ça les reprend, ils n'ont plus qu'un mot à la plume, le Désir...

Oh, bien sûr, ils sont loin de tenir tous le même discours autour du mot chéri. Tantôt appréhension douloureuse, vivace, du manque, de l'absence; un quelque chose plein de rien. Tantôt excès, surabondance insoutenable de la vie exigeant la délivrance; un être qui tend au non-être. Ou encore brûlante énergie qui jette à l'autre; autre que soi, autre soi-même... N'importe, le dieu fou et démiurgique de l'homme est toujours là, et c'est toujours du même nom qu'il l'invoque : Désir.

De la mort à la vie, de la vie à la mort, le désir hante le cœur déchirant d'un passage, dont la réalité est telle qu'elle efface tout autre type de réalité.

Et même lorsque, par un effort ultime et vigoureux de la pensée, ils tendent à échapper au carcan traditionnel du désir, à dépasser cette fascination-crispation autour du désir, lorsque d'une certaine façon ils cherchent à parler de jouissance-péné-

tration-dilatation (et non pas de la jouissance,
terme du désir, résolution brisée d'un désir assas-
siné), ils ne parviennent à nommer ce dont ils
veulent parler que du seul terme dont ils pensent
pouvoir légitimement user : le désir. Ainsi j'entends
beaucoup mieux ce que promet quelqu'un comme
Deleuze lorsqu'il me parle du désir, si je fais
l'économie du mot...

Même Nietzsche, ce briseur de normes, cet écla-
teur de limites, cet anormal de la pensée occi-
dentale, ne peut s'arracher à la traditionnelle
apothéose du désir.

Et pourtant, comme il me semble loin parfois
de ce dont les autres parlent. Ce qu'il côtoie,
ce qu'il pressent, c'est la dimension possible d'une
autre pensée. Si loin de ceux pour qui « la jouissance même est mortification », pour qui le désir
ne cesse de proférer la mort, et si près d'une
pensée conçue au ventre de la femme dont l'organe
fécondé est oreille profonde, d'une pensée au cœur
d'une puissance qui promulgue la vie, d'une puissance qui porte et engendre, d'une puissance qui
dit OUI, anneau nuptial où s'épouse le monde...

« J'aime celui dont l'âme est profonde jusque
dans la blessure.

« ... J'aime celui dont l'âme déborde de sorte
qu'il s'oublie lui-même et que toutes choses sont
en lui.

« ... Oh! Comment ne convoiterais-je pas l'éternité et le suprême anneau nuptial — l'anneau du
retour?

« Jamais encore je n'ai trouvé la femme dont

je voudrais des enfants, si ce n'est encore cette femme que j'aime : car je t'aime, ô éternité! »

Oui, mais... Dans l'égarement et le vertige de ce qu'il côtoie, dans la détresse de ne pouvoir nommer, et la fureur à vouloir nommer ce qui encore ne peut l'être, lui aussi, même lui, enfourche la flèche éculée du désir...

« Alors la vie regarda pensivement derrière elle et de tous côtés et dit tout bas : Ô Zarathoustra, tu ne m'es pas assez fidèle!

Il s'en faut de beaucoup que tu m'aimes autant que tu le dis... »

Ô femmes, depuis le temps que les hommes cognent à vos oreilles le vacarme du désir, vous finirez par devenir sourdes si vous n'y prenez garde. Que le désir-toison d'or, le désir-Graal, le désir-nostalgie, le désir-aventure, le désir-pas assez, le désir-trop, le désir oiseau lugubre, que le désir oiseau de mort me sorte par les oreilles...

Si seulement nous avions pu lui conter une autre chanson que la sienne... De nos désirs mêlés peut-être, une lumière jamais conçue, une musique inouïe...

Si seulement l'homme et la femme pouvaient s'épouser...

Alors je redescends le long du désir et je me dis, quoi le désir?

Quel est le nœud de ce désir dont le nom seul les fait bander?

Assez d'histoires autour du désir, assez de transes et de stériles emportements.

Où est le fin mot de ce désir dans lequel indéfiniment ils s'engagent (projet-entreprise-quête-aventure), faute de pouvoir s'approuver ailleurs?

Et pourquoi me faut-il faire tant de circonvolutions autour du désir, comme si j'avais peur et craignais leur courroux, en énonçant (non pas en dénonçant) ce qui me saute aux yeux : si l'érection est le seul moment où se réalise la virilité, le désir est ce qui tend à investir ailleurs et partout la qualité, unique et tragique dans ses brutales limites, de l'érection.

Si la frénésie du faire, de l'entreprise, de la conquête, de la lutte à mort vivent de l'énergie toujours remise en cause et toujours neuve de la mâle érection, ne faut-il pas entendre le privilège exorbitant accordé au désir dans l'ordre de la pensée en général, comme l'incessante répétition de cette parole (qui ne peut être énoncée une fois pour toutes mais exige une perpétuelle répétition) : Rien ne vaut que la virilité, et plus que tout le moment fragile, grandiose et déchirant où elle s'exprime; rien ne vaut que le désir.

Il s'épuise, le désir qui n'est pas repris indéfiniment à son origine. De même la parole du désir.

Toute volonté d'introduire et de comprendre la femme dans la parole la plus constante de l'homme, et qui est celle du désir, est vouée à l'échec.

Et quand je vois sous la plume d'un ami, un frère, un copain, soucieux de mettre lui aussi du cœur au ventre de nos luttes, quand je le vois se

donner un mal fou, généreux qu'il est, pour nous
assurer que nous aussi les femmes nous « ban-
dons », que notre petit clitoris qui n'a l'air de
rien se dresse lui aussi, tout comme un beau
pénis, que le désir est donc pour nous aussi, que
cette rage qui l'emporte est aussi la nôtre, je
ris vraiment de tout mon cœur. D'abord parce
que j'aime cette belle santé qui, pour évoquer le
désir, laisse tomber les « ailes déployées », « l'arc
tendu » et autres « flèches dressées » et s'adresse
crûment à ce qui le porte, l'érection. Ensuite parce
que la courte vue d'une pensée tout entière née
de la virilité, mais qui se veut asexuée à seule fin
d'être approuvée de tous, s'étale ici de la façon
la plus vive, la plus drôle...

J'ai beau être touchée d'un tel parti pris de
gentillesse, force m'est de reconnaître qu'un pénis
bandé a tout de même plus d'allure, de conviction,
de grandeur somme toute, que la secrète et confuse
érection de mon petit clitoris... Eh non, mon clitoris n'est pas un pénis miniature, eh non je ne
bande pas; pas plus que je n'éjacule... Et comme
c'est drôle cette bonne volonté de me donner en
propre ce qui ne me plaît pourtant que dans la
mesure où ça ne m'appartient pas. C'est si mal
deviner ce que j'aime.

Est-ce à dire que je ne suis qu'une planche à
pain, un réceptacle à désir, un trou à remplir,
un manque à combler? Est-ce à dire que je
n'éprouve pas le désir?

Si vous vouliez entendre par désir autre chose
aussi que la diurne fulgurance de votre érection,

si vous pouviez pressentir un autre versant au
désir, versant nocturne, délié de contrainte; appel,
attente, attente ivre et gonflée d'attendre, élargissement, dilatation, si vous pouviez un seul
instant cesser d'associer désir à projet, émergence
et jaillissement hors de soi, alors je pourrais aussi
jouir de votre mot, en jouer avec ma langue, le
cogner contre mes dents, m'en caresser les lèvres
et le couler dans le creux de votre oreille...

Mais si votre désir savait l'immensité de ce
qu'il pénètre, la profonde matière de ce qu'il
traverse, l'accueil déployé à sa parole, jamais il
n'aurait la sotte impudence de me confondre à lui.

C'est que vous ne voyez jamais plus loin que
le bout de votre queue, au point ultime et sans
au-delà où s'achève votre désir. Jusque-là vous
êtes d'impénitents voyants; au-delà aveugles même
sur votre aveuglement.

Ainsi je ne reproche pas à l'homme la virilité
de sa pensée. Je lui reproche de ne pas compter
avec elle. Je lui reproche de la dissimuler et, ce
faisant, de l'imposer sous le vocable trompeur de
l'Homme, où la féminité est réduite au silence.

Un exemple parmi tant d'autres, mais que j'aime
particulièrement parce qu'il me fait rire : franchement, qui suspecterait le *projet* sartrien de virilité?
Et pourtant le *projet* n'est-il pas la version austère
et en un sens plus précisément nommée du mâle

désir? Le projet, par lequel l'homme se jette hors de lui-même en avant de lui-même, n'est-ce pas? Et moi, qu'est-ce qui m'interdit de préciser encore (sûrement pas le terme lui-même, ou alors il fallait en choisir un autre) que le projet c'est ce qui se fait *pour* le jet et *avant* le jet?

On sourit... Je cherche vraiment la petite bête?

C'est qu'on n'est toujours pas convaincu que loin d'atteindre l'a-sexualité-neutralité du concept, et parce qu'elle y prétend, c'est bien souvent la philosophie qui accuse le plus effrontément la virilité de la pensée en général.

Alors qu'on écoute attentivement, d'une oreille poétique qui acquiesce à l'intimité des images, Sartre s'adressant plus au cœur qu'à la raison pour nous faire bien entendre ce qu'est le projet :

« L'homme est un projet qui se vit subjectivement au lieu d'être une mousse, une pourriture, ou un chou-fleur. »

Qu'on lise bien la formule, puis qu'on ose prétendre devant moi que la *mousse*, la *pourriture* et le *chou-fleur* auxquels répugne le projet ne renvoient pas purement et simplement à la femme et je désespère à jamais de voir ébranler la *mauvaise foi* de l'homme.

Heureuse, heureuse formule dont le déchiffrement est si peu incertain. A la place d'homme, mettre, comme il se doit, homme. Mais comme cela ne peut être entendu sans ambiguïté, remplacer par être viril. A la place de mousse, pourriture, chou-fleur, substituer femme, plus rapide et moins agressif. Et voilà qui peut fournir un condensé très économique à tout ce que j'ai raconté jusqu'ici :

« L'être viril est un projet de virilité, qui n'éprouve d'autre virilité que la virilité de son projet. »

Bref, l'homme est un désir d'être homme, au lieu d'être femme.

A vrai dire, tout cela ne prêterait qu'à rire, qu'à s'amuser de la phallomanie de l'homme, même et surtout philosophe, n'étaient les prolongements nécessairement répressifs d'une pensée rivée au Désir comme à la seule réalité tangible et heureuse.

Si c'est par le désir que la vie jouit de sa plus haute valeur, la jouissance est conçue comme le terme du désir, ce qui l'achève et l'exécute. La jouissance devient ce qui arrache à la vie sa sève, ce qui la prive de sa valeur. La jouissance est une mort.

La parenté intime de la jouissance et de la mort confond de stupeur toute pensée virile. La jouissance, définie comme *fin* du désir, finit toujours par s'opposer à lui, donc à la vie, de la façon la plus péremptoire.

Et voici quelques formules exemplaires prises au texte du copain, ce militant acharné du désir. On ne peut voir apparaître plus clairement combien la représentation fulgurante et virile du désir ne peut être conjuguée qu'à une certaine représentation tragique et terrible de la jouissance :

« La jouissance en son fond nie le processus vital ; elle signifie l'arrêt, la mort. »

« Que la jouissance soit de l'ordre de l'impossible, personne ne s'y résout. On ne se résout jamais à ne *pas jouir d'une jouissance.* »

Et ailleurs cet aveu qui me stupéfie, tant il contredit tout ce que je crois savoir de la sexualité : « La sexualité comme telle n'existe pas. La jouissance de l'acte sexuel est un moment qui *brise* avec tous les moments. » C'est moi qui souligne le terme le plus dur de notre désaccord, puisque l'acte sexuel m'apparaît au contraire comme ce qui renoue avec tous les autres moments, retrouve et lie dans la pâte profonde de l'intime confusion tout ce qui était ailleurs fragmentaire, dispersé, limité, bref quelque part *brisé.*

L'adéquation vie-désir ne peut se faire sans l'adéquation correspondante, mort-jouissance. Alors qu'une adéquation vie-jouissance, loin de condamner l'autre terme, de refuser le désir, l'accueille bras ouverts comme une modalité particulière du jouir.

L'éjaculation est alors ce terrible processus par lequel l'érection se vide littéralement de son être, de sa virile substance. La jouissance abolissant la virilité de la façon la plus violente (mise à mort-exécution) la sexualité elle-même. Et prise dans cette fureur dialectique la jouissance finit par se nier elle-même. Je ne jouis pas, puisque je ne peux, en tant qu'homme, que désirer.

Bataille, pris dans cette intime confusion du désir et de la vie, pour qui « le sens dernier de l'érotisme est la mort », parvient néanmoins à maintenir la jouissance (quelque chose qui ne cesse d'être de l'ordre de la vie) de la jouissance. Cette jouissance est radicale trahison du désir; mais que diable elle jouit! elle vit!

« Au moment de faire le pas, le désir nous jette hors de nous, nous n'en pouvons plus, le mouvement qui nous porte exigerait que nous nous brisions. Mais l'objet du désir excédant, devant nous, nous rattache à la vie qu'excède le désir. Qu'il est doux de rester dans le désir d'excéder, sans aller jusqu'au bout, sans faire le pas. Qu'il est doux de rester longuement devant l'objet de ce désir, de nous maintenir en vie dans le désir, au lieu de mourir en allant jusqu'au bout, en cédant à l'excès de violence du désir. Nous savons que la possession de cet objet qui nous brûle est impossible. De deux choses l'une, le désir nous consumera, ou son objet cessera de nous brûler. Nous ne possédons qu'à une condition, que peu à peu le désir qu'il nous donne s'apaise. Mais plutôt la mort du désir que notre mort! Nous nous satisfaisons d'une illusion. La possession de son objet nous donnera sans mourir le sentiment d'aller jusqu'au bout de notre désir. Non seulement nous renonçons à mourir : nous annexons l'objet au désir, qui était en vérité celui de mourir, nous l'annexons à notre vie durable. Nous enrichissons notre vie au lieu de la perdre. »

Cela n'était pas facile à dire, et l'on peut mesurer avec Bataille l'aridité, la sinuosité et la vertu profonde et difficile d'une virile pensée qui ne se résout pas à trahir l'éclatante réalité de la jouissance-vie.

Là, semble-t-il, la pensée virile atteint le point ultime de ce qu'elle peut énoncer. Au-delà, c'est au phare qui la guide et l'éclaire, le désir, qu'il faudrait renoncer, et elle se briserait.

L'appréhension du mâle désir est saisi dans sa plus juste perspective : celle de l'abomination de la mort que convoite le désir. Elle s'achève dans la vigueur ultime de ce cri malheureux : Ne vous plaignez pas de la mort du désir qui seule vous préserve de cette mort que vous désiriez! Ce cri puissant qui m'en rappelle un autre, peut-être le plus sincère d'un homme que je connais bien, un cri qui n'était pas un mot : « Mourir, dis-tu? Ah non! non! Plutôt crever que de mourir! »

Mort. Mort. Mort... Car s'ils n'ont aux lèvres que le désir, ils n'ont au cœur que l'obsession de la mort... Horreur et fascination, la mort les a hantés, ces fanatiques du désir.

Alors, oui, je me demande pourquoi, et j'ose prétendre qu'on peut s'interroger là-dessus. Qu'ils se définissent comme « être-pour-la-mort » ne me surprend nullement; mais je dis que c'est leur affaire, pas la mienne, leur point de vue à eux, pas le mien. Je dis que rien ne m'empêche de dire autrement.

Cette mort qui les occupe tant, qui les assiège, franchement qu'est-ce qu'ils en savent? Ils ne connaissent de la mort que les cadavres, qui n'apprennent rien de la mort, mais aggravent la marque de la vie au cœur de ceux qui souffrent.

Alors, c'est quoi ce qu'ils savent? Ils ne savent que ce qu'ils savent de la vie, à travers ce qu'ils disent du désir et médisent de la jouissance. Et s'il se définit comme « être-pour-la-mort », c'est que, finalement, ce n'est pas dans le désir, qui ne finit rien, mais seulement ouvre, que l'homme trouve son ultime « définition », c'est dans la jouissance qui finit son désir.

Ils ne savent que la jouissance, qu'ils appellent « petite mort ». Ils ne connaissent de la mort que l'épouvante de leur jouissance, irréfutable jouissance où s'évanouit au moment même où elle se réalise la *possession* de l'être convoité, irrépressible jouissance, assassine de leur virilité.

L'homme qui jouit est un homme qui meurt.

L'homme s'afflige, non du terme de la jouissance, mais de celui du désir. Sevré de l'exhibition tangible de sa virilité, il retombe dans l'angoisse de son indétermination qui ne le quitte jamais. A travers la jouissance son être d'homme le fuit.

Exclu de sa virilité, écarté donc de la seule humanité qu'il convoite, il touche au terme extrême de l'abandon et de la solitude. L'homme est celui que la jouissance *désole*.

Et ce qu'il appréhende de la mort n'est autre que la désolation cette fois irrémédiable, vraiment définitive, de la jouissance.

On fait toujours comme si l'homme reconnaissait la mort dans la jouissance. Absurde. Comment reconnaître ce que nul ne connaît, faute d'objet à connaître? Ce qu'il connaît, c'est la jouissance, et ce n'est que par ce qu'il connaît de la jouissance qu'il prémédite la mort dans l'horreur et la fascination.

On admet ainsi rapidement que la complexité de la jouissance (plaisir-suprême-horreur) résulte de la combinaison de deux éléments simples, le plaisir et la mort. Or il ne saurait y avoir du plaisir *et* de la mort dans la jouissance de l'homme. Il n'y a que cette étrange apocalypse qui préfigure sa mort.

Si l'on voulait bien considérer avec quelle frénésie, ou courage, peu importe, l'homme se projette dans la mort, la cherche, la veut (nuls n'en témoignent de façon plus lumineuse que les héros de nos modernes épopées, héros du western ou du film policier; héros poignants parce qu'on sait bien que ce qu'ils cherchent, frère à venger, trésor convoité, ennemi à affronter ou criminel à traquer, est au-delà du terme de leur quête, comme on sait bien que ce que cherche le désir se situe au-delà de ce qui a suscité le désir), si l'on veut bien admettre que les histoires préférées de l'homme sont celles où le mouvement qui le porte n'est autre que la quête farouche de la mort, on peut alors pressentir que c'est bien la mort qui prend pour lui le visage paroxystique, mais toujours ambigu, de la jouissance, et non pas la jouissance qui s'inonderait des larmes de la mort.

Ce qui le porte si impitoyablement à la mort, à sa terrible et fascinante représentation, n'est autre, et plus absolument encore, que ce qui le porte impitoyablement à la jouissance : le désir.

Si je ne consens pas à la représentation virile du désir et de la jouissance, ma mort ne saurait même m'effleurer. Nulle. Absolument inadéquate à tout ce qui m'est donné. Je ne saurais la redouter, ni la vouloir. Non-lieu, non-chair, non-pensée. Rien.

Le dieu caché au culte du désir, c'est la mort.

L'homme n'a jamais parlé que de ce qui l'inté-
ressait; de ce qui entravait ou favorisait son accès
à la virilité.

L'homme a décidé de ce dont on parlerait et
de ce dont on ne parlerait pas.

L'homme a tracé à l'encre de son sexe le lieu
d'exercice possible de toute pensée en général. Et
les questions jaillies du sol de l'intérêt viril ne
cessent d'être viriles.

Comment peut naître une pensée féminine d'une
réelle ampleur, contrainte à se mouvoir selon la
voie tracée de l'homme; voie dont le sens n'est
autre que l'accès toujours différé et menacé à la
virilité; voie qui ne peut être parcourue qu'à travers le culte du désir et la répulsion de la jouissance.

L'impuissance de la pensée féminine à éclore
dans un espace véritablement neuf n'est que l'effet
de sa modestie, ou aliénation fondamentale, c'est
pareil, par laquelle elle acquiesce à la trajectoire
toute particulière de la pensée virile, comme si
cette pensée était en effet ce qu'elle prétend être,
universelle, neutre; bref, asexuée.

Et je ne peux encore véritablement bien penser

qu'une chose : c'est qu'une pensée féminine est
possible, qu'elle est nécessaire afin que s'achève,
non pas la virile pensée, mais son soliloque ridicule
ou tragique, c'est selon. Et je ne peux encore
croire qu'une chose de cette pensée; c'est qu'elle
ne parviendra jamais à être que si sa terre d'origine est la jouissance, et non la peine et le malheur.

Entreprise terrible, car c'est du silence, de la
nuit, du jamais encore interrogé, de la féminité
elle-même, que devra naître cette pensée.

Il lui faudra sourdre de cela même qui ne fut
pas pensé, non pour abattre ce qui fut pensé, mais
pour que tout ce qui peut être pensé le soit.

Que le monde se dilate pour toi de la proximité
de mon regard différent...

Que le monde soit enfin le lieu de nos épou-
sailles.

Partir de la jouissance, de ma jouissance.

Ce qui répugne à l'homme dans la jouissance c'est qu'il y perd cela seul qui lui conférait son identité, l'érection de sa virilité.

La jouissance m'agrée infiniment, où s'abolissent mes limites, où je tressaille d'être traversée, envahie enfin de la continuité de la vie.

Mon identité est courte vue, répression, impuissance.

Je ne tends pas à me définir, je tends à abolir ce qui me fait dire moi, je, et seulement moi, je.

Quand je jouis, je jouis de me transgresser, et c'est la vie entière accueillie par une anonyme conscience qui jouit.

Quand la jouissance m'abandonne, la terre est inondée de félicité. Je pleure dans l'immensité d'une joie que je ne peux contenir. Ni mortelle ni immortelle; *je* ne suis plus. La vie est.

Retrouver, inventer toutes les jouissances de vivre. Et pour ce faire toujours garder en mémoire de quelles habiles et multiples façons l'homme sait décourager, interdire la jouissance. Calomnies,

médisances, menaces, mépris et silences de mort;
rien n'y manque...

Oui, bien sûr, immense est la répression sexuelle
qui ne tolère la sexualité que sous l'espèce et la
coupe du mâle désir, mais c'est plus largement
encore que l'homme réprime. C'est la jouissance
elle-même, toutes les jouissances qu'il interdit.

La vie est une forêt profonde de jouissances, et
nous, femmes, gardons toujours le regard fixé sur
cet arbre qui nous fait tant d'ombre, son arbre à
lui, l'arbre de l'homme.

Tout ce qui est jouissance il l'a enfermé dans le
camp concentrationnaire et finalement extermi-
natoire de sa sexualité.

Hors de ce camp, il y a le monde. Tout ce qui
peut se trouver dans le monde, fors la jouissance.
Peines et travaux. Souffrances et fatalités. Projets
et entreprises. Luttes, triomphes, échecs, progrès,
progrès...

Comme si la jouissance n'était pas de ce monde;
ou seulement en tant que paradoxe.

Or, l'être-au-monde, le vivre, est d'abord jouissance. Voir, toucher, entendre, c'est d'abord jouir.

Mais aussi penser, c'est d'abord jouir.

Que la pensée cesse de se trahir en écartant
toujours de son souci cela même qui la porte et
la féconde, la jouissance.

Plus la jouissance est élémentaire et certaine, et
plus ils la dédaignent. Où enfin une pensée de
l'être-là qui ne se fonde pas sur l'affirmation,

prétendue claire et évidente, selon laquelle être là consiste à être ailleurs? Belle façon de supprimer la dimension originaire de notre relation au monde, et qui est jouissance. Comme si leur pensée ne parvenait vraiment à se mouvoir que dans l'objectivité, la neutralité, la distance. Pire encore, la pensée qui tend à se mouvoir dans la « subjectivité », et qui cumule la froide distance de l'objectivité et le caractère illusoire de son objet. Où une pensée qui parvienne à se mouvoir véritablement dans l'entre-deux, moi-le-monde, dans la confusion pleine et certaine de nos identités respectives, creuses et incertaines, dans l'heureuse, dans la réelle confusion, qui s'appelle jouissance? Alors la pensée n'aurait plus à « éclaircir », mais à approfondir, élargir, dilater la terre originaire de la jouissance.

Aventure exemplaire que celle de la phénoménologie. Entrer dans l'intimité première de ma relation au monde. « Il s'agit de décrire, et non pas d'expliquer, ni d'analyser. » « Revenir aux choses mêmes... » J'acquiesce et me réjouis; parce que c'est un programme enchanteur. Mais il me faudra bien déchanter; ça ne parlera jamais *de* jouissance, ça ne parlera pas non plus *à* la jouissance.

Revenir aux choses mêmes, partir du monde lui-même tel qu'il se donne à la conscience. Bien. Mais quoi la conscience? Des yeux bien sûr, mais aussi des oreilles, des doigts et toute la peau, des narines, une langue, non? Peut-être bien d'autres choses encore?

Alors, *pourquoi* la phénoménologie ne parvient-elle jamais à sortir d'une méditation sur le voir? Pourquoi ce privilège, mieux, cet intérêt exclusif accordé au regard?

Le regard est seul à me donner le monde tel qu'il se présentera au savoir, à la connaissance. Le regard m'instruit de la division, de la séparation entre moi et les choses. Il y a le monde, il y a les choses, il y a les autres, et il y a moi.

Par le regard se révèle à moi un lieu où je ne suis pas, un objet que je ne suis pas. La vue est ce sens cruel et puissant qui m'écarte de la jouissance, qui renonce à la confusion intime des chairs que la jouissance exige.

La vue est donc le seul organe de nos sens pourvu de dignité philosophique, car seul il *me* donne lieu à l'« objectivité », à la différence première, irréductible, entre l'objet et moi. Voir, c'est jouir de la non-jouissance du monde.

Alors, c'est plus qu'il faut dire : la vue n'est pas seulement pourvue de dignité philosophique, mais de mâle dignité. La vue est l'image visible du désir.

Le regard est tout entier effusion. Mon regard se projette sur ce lieu, cet objet où je ne suis pas, mon regard se porte hors de lui, mon regard accède à ce qui m'échappe, mon regard tend à s'approprier et à réduire au sein de la conscience le monde qu'il écarte, la jouissance qu'il diffère, la mainmise qu'il retarde.

Par la jouissance différée, le visible est aussi le signe de ma puissance sur le monde. Par la vue je prétends à ce qui n'est pas moi. Entre le monde regardé et mon regard sur lui se noue un rapport de domination qui ne fait jamais problème; j'en suis le maître. Le monde surgit à mes yeux pour autant que je le vise. Le monde est ma visée, mon intention, mon projet, mon désir. Je regarde si ça me plaît, où ça me plaît et autant que ça me plaît; les choses n'ont d'autre rôle que d'obéir à la quête, au projet de conquête du regard; bref, à se laisser voir.

Et il me semble parfois que c'est en méditant le voir (ou, ce que je ne veux plus distinguer, par la jouissance que j'ai à lire un Merleau-Ponty, par exemple, méditant le visible et l'invisible) que je devine le mieux cet excès tragique, mais aussi cet envol toujours inassouvi, fulgurant, du sexe viril.

Ce que m'enseigne le voir est immense, somptueux; *exorbitant.* N'empêche; il n'est pas seul à m'enseigner. Car au cas où il serait seul, je ne saurais rien, strictement rien de la jouissance. Mais plus encore, si je n'avais que la vue pour être au monde, le monde serait fantôme. Ma ferveur à le solliciter s'évanouirait. Mon désir serait fumée.

Le voir vit d'une sève acquise ailleurs, d'autres enseignements que le sien, mais dont il ne fait nul cas, comme s'il n'y avait que par lui que le monde pouvait s'adresser sérieusement, efficacement à nous. Seul le voir sied au philosophe, qui indique et préfigure la toute-puissance de l'homme; action et connaissance. Le voir, où se fonde la possibilité de toutes les conquêtes; conquête du faire et conquête de la science. L'homme est à son aise dans le voir. On sait bien et profondément tout ce qu'il apprend de ses yeux. Mais de ses oreilles? de ses mains? de ses narines?

Alors il me semble que nous, femmes, pourrions te parler du son et de l'odeur, mieux que tu ne pourras jamais le faire, et t'engager par là, à travers le son, l'odeur, qui te sont à toi aussi donnés, comme nous est donnée la vue, à deviner la profondeur possible de notre sexe et ses capacités de jouissance, ainsi que tu nous as donné à connaître la vertu insolente de ton sexe et tous ses appétits de conquête.

J'entends le son quand il n'est pas message, signal, discours. (Que les sons peuvent être bavards et qu'il est rare et difficile d'entendre un son qui ne dit rien, ou dans ce qu'il ne dit rien! Il fallut bien inventer la musique pour restituer au son sa nudité, sa pure et seule sonorité.)

Quand le son est musique, quand le son est son, j'entends, j'écoute tout autrement que je ne vois, regarde.

Il faudrait pouvoir dire l'accueil, la dilatation; l'élargissement de ce qui me pénètre, la pénétration de ce qui m'élargit. La musique me fait sonore et musicale. Qui, la musique? qui, moi? Toute division s'abolit. Évaporé l'espace de l'altérité.

Impossible de parler de la sensibilité au son comme on parle de la sensibilité visuelle. Leur sens est exactement inverse.

Mon regard va au visible, mais le son vient à

moi. Le regard est aventure, et l'oreille est séjour. Le regard, diffusion; l'oreille, infusion. Le regard, désir, et l'oreille, jouissance.

Par là, peut-être, un jour, te dire combien mon orgasme lui-même ne saurait être ramené à une défaite, à cette « petite mort » dont parlent les médecins. A l'extase de ton orgasme je ne réponds pas par une semblable extase. Nous ne sommes pas des miroirs pour nous répondre ainsi. Tu te perds et je me perds aussi, mais c'est la vie que je gagne. Ce que j'appelle mort, c'est ma limite, ma désertion, ma solitude. Si l'autre m'habite, alors je ne suis plus moi, je suis l'autre aussi. *Je* ne suis plus. L'autre, le monde, la vie est, dont je ne suis que la jouissance.

La science et notre philosophie fondées sur l'enseignement originaire de la vue. Démarche du non, de la séparation, de la distance. L'un et l'autre. Objet de conscience et sujet de conscience. Déterminations. Définitions. Et maîtrise du monde par la relation établie entre des termes préalablement et originellement isolés par la vue.

Phantasmer un autre savoir fondé sur l'enseignement de l'ouïe? Philosophie du oui... Fermer les yeux. Accueillir, les yeux clos, la révélation bruissante de l'Être... (c'est pourtant bien ainsi que tout doit commencer dans le ventre de nos mères)..., décrire ce qui se sait alors. Sûrement pas une « visée » de la conscience...

On ne pense jamais qu'à l'extérieur de la jouissance et enseigné par la vue, cette virile dimension
de notre participation à la vie.

Penser aussi, pourquoi pas, enseigné par l'odo-
rat... Tout est possible. Humer, voilà bien du
désir; mais non le tien. Le mâle désir est convexe.
Désir concave du parfum, de l'odeur.

Appel de l'odeur, mais déjà jouissance de
l'odeur, jouissance et pourtant douloureuse de ne
pouvoir atteindre au point ultime de la jouissance
qui requiert l'absolue confusion. Le parfum pénètre
l'ampleur de mon appel, mais je ne peux cesser
de l'appeler tant il demeure encore dehors, et
tant nous demeurons encore et toujours deux,
séparés.

Et la jouissance du parfum se brise toujours
comme un sanglot, faute de pouvoir jamais être
accomplie. Entre le nez et la rose, je jouis et
m'exaspère de sombrer indéfiniment au seuil
infranchissable de la jouissance. Enfant, je finissais
par manger les pétales; avec plus de rage que de
plaisir. C'est autre chose que j'aurais voulu.

Te dire comment sentent les narines, pour te
dire comment je te désire, comment on peut
désirer... Il y a sûrement tant à dire encore.

Et le toucher? le contact? notre caresse? Je
pressens quelque chose comme l'androgynie profonde du toucher; cette douceur reçue, donnée;
profil de jouissance. Je ferme les yeux, je n'entends
rien; je touche. Ou il me touche? Ni il ni je;

rien d'autre que ce contact. Ce n'est pas de moi que j'apprends mes limites, en me heurtant à elles. C'est de l'autre. Ta caresse ne me suit pas; elle me dessine et m'invente. Elle creuse ma place et trace ma forme. Je ne suis pas une plénitude. Je ne suis que les contours de notre rencontre. Je ne suis que là où je finis, que là où tu commences, tu n'es que là où tu finis, là où je commence. Tracés ensemble, d'un même geste, nous nous dessinons l'un à l'autre. Nous sommes deux? Non, il n'y a qu'un dessin dans la caresse pour ta forme et la mienne. Et nous ne sommes nulle part ailleurs qu'au lieu insistant de notre périphérique confusion.

Et le goût? Où est-il le goût? Quand est-il? Autant de mal à parler du goût que tu en as à parler de ta jouissance... L'appétit qui ne vient pas toujours en mangeant se perd à coup sûr en mangeant. Ou alors il faut aller jusqu'à la mort (comme dans le film *la Grande Bouffe*) lieu accompli de la jouissance. Si l' « on ne se résout pas à ne pas jouir d'une jouissance », de la même façon on ne peut se résoudre à ne pas goûter en fait ce que l'on goûte, puisqu'on ne peut goûter qu'en avalant, annihilant ce que l'on goûte... C'est drôle, le plaisir si vif, si troublant de la langue, de la gorge, comme à l'image de ta jouissance...

Je m'amuse, c'est vrai, à penser tout ça. Ce n'est pas sérieux, c'est plaisant, cette nébuleuse sexuée de nos cinq sens que j'envisage... Cinq sens, deux pour toi (vue-désir et goût-jouissance) et deux pour moi (odorat-désir et ouïe-jouissance)

et enfin un pour nous deux, le toucher; notre
étonnement, notre naissance confondue, notre commune invention...

Je vais trop loin? trop vite? Peu importe. Ce
que je voudrais, c'est seulement promettre, annoncer, ouvrir l'espace d'une parole nouvelle; pas
encore le remplir. Il ne faut pas s'arrêter à ce
que je dis, mais remonter à la question que je
pose... Pourquoi toujours le désir et pas la jouissance?

Ce qui agite ma pensée c'est d'abord et avant
tout jouissance à penser la jouissance de vivre.
Penser est jouissance, parler est jouissance, lire
est jouissance. Si vous me lisez sans jouissance
vous êtes un imbécile, non pas de ne pas jouir,
mais de poursuivre si avant une lecture sans
jouissance.

Quand je dis, ce que tout le monde dit, mais
parfois sans le penser, : je veux vivre, je dis, je
veux que la vie, et pas seulement la mienne qui
n'est pas la vie mais seulement sa jouissance,
soit jouissance pour tous et toujours plus profonde.

L'esprit n'a qu'une tâche, dénoncer tout ce qui
entrave, tout ce qui brise la jouissance et d'un
même mouvement accueillir, divulguer la jouissance de la vie. Les mains n'ont qu'un devoir,
creuser la terre d'accueil des jouissances du vivre.

Cela ne peut se faire sans peine et sans combat.
Mais la douleur qui veut et prépare et donne la
vie, pénètre déjà le vivre de la plus brûlante des
jouissances.

Que savons-nous de la jouissance? Rien. Ce que vous comprenez sous ce terme, c'est soit l'accomplissement terrible de votre sexualité où s'épuise le désir, ce qui prononce alors le non-lieu de la jouissance, soit l'ensemble des « petits plaisirs de la vie » qui renvoient toujours aux objets du plaisir, non à l'intensité particulière du vivre que pourraient susciter ces objets. Bref, vous confondez jouissance et possession. Et franchement je ne connais rien qui soit plus dépourvu de jouissance que la jouissance de ses biens.

Entre votre littérature qui ne cesse de piaffer, de piétiner, de labourer interminablement le sol autour de la jouissance amoureuse, et votre culte désabusé des petits plaisirs de la vie, il n'y a place ni pour la parole, ni pour la pratique attentive d'autres jouissances. En voilà une répression!

Votre désaveu de la vie, votre condamnation de la jouissance, est général. Et l'exception que vous faites pour la jouissance sexuelle ne cesse d'être ambiguë. Vous lui accordez un intérêt éminent, mais c'est aussi pour la priver de tout ce qui l'apparente et la relie à toutes les autres formes de jouissances heureuses de la vie.

L'acte sexuel a pourtant (comment l'oublier?) ce privilège extraordinaire, outre sa dimension propre, de retrouver, de préfigurer et finalement d'accomplir en son lieu propre comme la totalité des jouissances possibles de la vie, le toucher, le voir, l'entendre, le parler, le sentir, mais encore le boire, le manger, le déféquer, le connaître, le danser...

Si vous retirez à l'acte sexuel l'ampleur et la

chaleur de toutes ces jouissances-là, il vous reste
ce qui vous est resté, une force aveugle, squelet-
tique et terrible. Et pour tout dire, votre Libido,
au lieu de me faire rire, de me faire jouir, me
fait froid dans le dos...

Rire? Se soucie-t-on jamais de rire? Je veux
dire vraiment rire, au-delà de la plaisanterie, de
la moquerie, du ridicule? Rire, jouissance immense
et délicieuse, toute jouissance...

Je disais à ma sœur, ou elle me disait, tu viens,
on joue à rire? On s'allongeait côte à côte sur
un lit, et on commençait. Par faire semblant, bien
sûr. Rires forcés. Rires ridicules. Rires si ridicules
qu'ils nous faisaient rire. Alors il venait, le vrai
rire, le rire entier, nous emporter dans son déferle-
ment immense. Rires éclatés, repris, bousculés,
déchaînés, rires magnifiques, somptueux et fous...
Et nous riions à l'infini du rire de nos rires... Oh
rire! rire de la jouissance, jouissance du rire; rire,
c'est si profondément vivre.

Rire sans raison est absurde, dites-vous? Mais
rien n'a plus de sens, de bon sens au contraire.
Vous dites, la vie est absurde, et ça vous fait
gémir et vous lamenter. Moi aussi je la trouve
absurde la vie, à la lumière de votre raison; mais
moi, ça me fait rire, et jouir de la gratuité immense
de ce hasard miraculeux, sans cause, sans but,
sans fin...

Parce que la vie est plus forte que votre raison,
vous pleurez la faiblesse de votre raison. Mais
rien n'est plus sage que mon fou rire, écho de joie
à la folie du vivre.

Vous faites du rire le petit extra de vos loisirs, la fioriture inessentielle de vos distractions, un petit rien en plus, un hoquet de l'agrément. Le rire, comble extrême, et pourtant si simple, de la jouissance, vous n'y avez jamais prêté attention. D'ailleurs le syllogisme est clair : ce qui compte, c'est ce qui est sérieux. Ce qui est sérieux, c'est ce qui ne fait pas rire. Le rire ne compte pas.

Vous n'aimez le plaisir que dans la mesure où il vous distrait de la souffrance, de l'angoisse, de votre peine profonde de vivre, mais jamais le plaisir ne vous a inspirés.

Le plaisir finit par être la seule façon possible d'avaler l'horrible pilule de la solitude, de la détresse du tragique destin qui serait le nôtre.

Bref, nous ne parvenons à vivre, disent nos hédonistes, que tant que l'insupportable et profonde horreur du vivre se dissimule sous le voile sucré du plaisir. En quelque sorte, le plaisir est notre seul recours pour supporter la vie.

Savez-vous vraiment à quel point vous êtes mesquins, étroits, bornés, dans la part que vous faites au plaisir?

Je connais un plaisir, et qui n'est pas celui du sexe, un plaisir somptueux dans son évidence, un plaisir auquel tous les hommes, toutes les femmes de la terre ont accès, un plaisir que nul n'est capable de bouder quand il se donne, une faculté de jouissance si ancrée en nous qu'il serait sans doute impossible de déceler un cas certain de

frigidité, un élan amoureux et charmé, aussi essentiel à la perpétuation de notre humanité que l'élan
sexuel, mais sur ce plaisir-là, sur cette jouissance
du vivre, si lumineuse, si indéniable, si universellement répandue, pas un mot, pas un regard, pas
un étonnement; rien. Comme si ça n'existait pas...

Vous ne voyez pas à quoi je fais allusion? Voilà
qui ne m'étonne pas; le contraire m'aurait étonnée.
Je parle de la jouissance exquise de l'enfant. Non
pas d'être enfant, mais d'être adulte, et de voir
l'enfant, de l'entendre, de le toucher, de le faire
rire, et de le voir, le voir encore, le caresser, le
soulever de terre, le porter en avant, le nourrir...

Enfant, enfant délicieux, je roule ton corps
entre mes mains. Mes lèvres mordent ton plaisir de
vivre, mes lèvres boivent la salive étoilée de ton
rire. Et je n'en finis pas de me dilater dans ce désir
immense qui se consomme et ne se consume pas, ce
désir miraculeux qui n'a d'autre objet que la
jouissance offerte de lui-même.

Tu m'interroges, tu danses, tu me racontes une
histoire qui est seulement un collier de mots nous
liant toi et moi, puis tu me chantes une chanson
bredouillante qui ne veut rien dire... Je t'écoute,
je te regarde, je défaille de bonheur.

Parfois pourtant, la grâce est telle que je reste
sans voix, et non pas pétrifiée, mais n'osant plus
mon corps, vidée, « désolée » en quelque sorte
comme dit Sido, la mère de Colette, dans une
lettre à sa fille :

« Il y a dans un enfant très beau quelque chose
que je ne puis définir et qui me rend triste. Com-

ment me faire comprendre? Ta petite nièce C...
est en ce moment d'une ravissante beauté. De face,
ce n'est rien encore; mais quand elle tourne son
profil d'une certaine manière et que son petit nez
argenté se dessine fièrement au-dessous de ses
beaux cils, je suis saisie d'une admiration qui en
quelque sorte me désole. On assure que les grands
amoureux, devant l'objet de leur passion, sont
ainsi. Je serais donc, à ma manière, une grande
amoureuse? Voilà une nouvelle qui eût bien
étonné mes deux maris!... »

Quelle difficulté à dire ce qui ne se dit jamais!
Quelle peine à nommer ce qui n'a point de nom!
Mais aussi quelle force d'attention, quelle générosité d'esprit à accueillir cette jouissance innom-
mée, si violente et infidèle aux décentes limites de
la jouissance!

Et l'expression a la grâce profonde de toutes ses
maladresses. Il n'y a pas d'enfants beaux et d'enfants laids. Il y a des enfants sur qui l'enfance se
montre plus ou moins. Ce que j'appelle beau, c'est
l'émotion qui me saisit à voir de si près l'enfance
de l'enfant.

La tristesse n'est pas dans le quelque chose qui
ne peut être défini. Elle est dans l'impuissance à
définir ce quelque chose qui est tout, sauf triste,
jouissance exquise.

Et la désolation est dans le, c'est plus que je n'en
peux contenir, c'est trop pour *moi*. Désolation :
jamais rien n'a été compté, pesé à la lumière de
cette jouissance-là...

N'avez-vous jamais remarqué comme les regards
cherchent l'enfant, comme les mains le sollicitent,
comme les lèvres brûlent de baiser ses joues
fraîches, comme l'enfant rieur entraîne notre plaisir, comme l'enfant blessé entaille notre chair de
douleur? Oui, oui, vous avez remarqué, mais vous
n'avez jamais voulu compter avec ça. Parce qu'au
fond ça ne vous plaît qu'à moitié, ça vous gêne
plutôt, somme toute ça vous dégoûterait un peu,
de vous attarder là-dessus. On est loin ici de la
somptueuse et noire fureur de la Libido, de la très
haute et suprême dignité du Désir.

Pour rapporter, comme vous le faites, la totalité
de nos affects à la sexualité, il faut que vous soyez
intimement convaincus de l'argument selon lequel
le sexe est le moteur de tout puisqu'il est ce qui,
seul, assure la survie de l'espèce, la vie de la vie,
par-delà et à travers le déclin individuel.

Seul? Le sexe?

Il ne suffit pas de concevoir les enfants pour que
vive la vie de l'humanité; encore faut-il les nourrir, les soigner, les cajoler, leur parler, il faut les
vivre pour qu'ils vivent.

Et ne me dites pas que les hommes font ça par
devoir. Ce serait bien la première fois qu'on verrait
une telle obéissance unanime à un devoir. Pas
besoin de loi divine pour que les hommes se plient
au soin des enfants. La loi dit, tu ne tueras point,
parce que le meurtre est facile et spontané. La loi
dit, tu respecteras ton père et ta mère, parce que

le premier élan de la plante vigoureuse c'est d'envoyer promener son tuteur. La loi par contre ne dit pas, tu prendras soin de ta progéniture, parce que c'est tout à fait inutile.

Les hommes font ça par plaisir, parce qu'ils aiment ça, parce qu'ils souffriraient de faire autrement. Ils se régalent, les hommes, avec les enfants, à les tripoter, à les faire rire, à leur donner à manger, à les faire parler.

Qu'ils les répriment par ailleurs, qu'ils les mettent au pas, qu'ils les traitent comme *leur chose* ne change rien à l'affaire. Et s'ils le font c'est qu'ils ont un intérêt plus fort que celui de leur jouissance : celui du pouvoir, dominant celui de la jouissance. Encore est-il que la jouissance ne demeure en ce cas qu'en tant que réalité dédaignée, trahie; bref comme une jouissance perpétuellement déjouée.

Jouissance déjouée, au point qu'elle n'a même pas de nom.

Eux, ils seraient prêts à m'accorder le terme d'amour, mais je n'en veux pas de ce terme. Amour, tu parles! Où l'amour, quand c'est si souvent du malheur qui est donné à l'enfant? Où l'amour quand l'enfant sort de l'enfance asthmatique, paralytique, mesquin et seulement revanchard? Non, je ne parle pas d'amour, je parle de jouissance.

A vrai dire, ce dont je parle, il y a longtemps qu'on l'a rangé, classé dans le tiroir, fermé à double tour, de l'instinct maternel. (Un tiroir parmi d'autres dans la commode de tous les faux savoirs perpétués, la commode du c'est comme ça, défense d'ouvrir, de discuter, un point, c'est tout.)

Et il n'y a pas de terme qui convienne moins bien à ce dont je parle, qui enterre plus définitivement ce que j'essaie de porter à la lumière, que celui d'instinct maternel.

Maternel : comme ça c'est une affaire de femmes, mieux, de mères, et ça ne saurait concerner les hommes.

Instinct : comme ça on ne parle pas de jouissance. On évoque un certain type de comportement dont l'universalité est le fait d'une nécessité naturelle, au goût d'animalité. On parle bien aussi d'instinct sexuel, mais là tout de même on n'ose pas évincer la question du plaisir. L'instinct maternel se suffit à lui-même. Il suffit à la femme.

Si ce dont je parle n'a pas de nom, c'est parce que l'homme qui parle ne parle jamais de jouissance, fors la jouissance problématique de son sexe qui le concerne exclusivement.

Mais si ce dont je parle ne mérite pas qu'on en parle, c'est aussi et plus particulièrement parce que c'est classé une fois pour toutes, écarté, rejeté comme *féminin*.

Parce que ce sont traditionnellement les femmes qui sont vouées au soin des enfants, tout ce qui pourrait concerner notre intérêt pour l'enfant est immédiatement relégué aux oubliettes de l'animalité, du non-noble, du dédaignable, de l'inintéressant en soi. Si les femmes consentent à s'occuper des enfants, et semblent si souvent trouver leur compte là-dedans, c'est que c'est leur affaire à elles. Si c'est une affaire de femmes, c'est une affaire sans intérêt, vaguement répugnante. Affaire de mousse, de pourriture et de chou-fleur; n'en parlons plus.

Hideux et piètres mensonges de ce silence sur la jouissance que nous donne, à tous, l'enfant.

Pas besoin d'être femme, pas besoin d'être mère, pour se pencher sur l'enfant, le chercher, le toucher, fondre de plaisir, tendre les mains vers lui, le vouloir, lui sourire, jouir de lui.

Regardez les vieillards dans les jardins publics, regardez tous ces pauvres vieux qui ne demandent alors qu'une chose, qu'on les laisse jouir, un peu jouir de l'enfant délicieux; un peu approcher, effleurer d'une caresse, donner un bonbon, mendier un sourire, deux mots, une pirouette...

Mettez un enfant, de grâce, dans les bras d'un grand imbécile d'homme imbu d'importance, chargé de responsabilités, au fait du sérieux de l'humanité, mettez un enfant ourlé de rires dans les bras du politicien véreux, du P.D.G. dynamique, du théoricien morose, ou du militant à la détermination farouche, et regardez-le, regardez-le bien... Il biaise avec sa jouissance, il la bafouille, la boude un peu, la réduit de volontaires maladresses, n'empêche, malgré lui, contre lui, et quoiqu'il lui en coûte, son plaisir saute aux yeux.

Ce goût profond que nous avons pour les

enfants, qu'en savons-nous? Où en parle-t-on? Ni
dans notre littérature maniaque de l'Amour-Éros
et Thanatos-Désir et compagnie, ni dans les traités
de psychologie, encore moins dans les gouffres de
glace de la psychanalyse.

La jouissance de l'enfant, qui pourrait faire
l'objet d'un savoir fondamental, peut-être de l'ar-
chéologie même de notre affectivité, *n'intéresse pas*.
Bien sûr, on pourra toujours me dire que cette
jouissance n'existe pas, qu'elle est nulle, ou simplement insignifiante...

Reste un dernier bénéfice de la notion d'instinct
maternel, et celui-là, il est pour les femmes (ce
qui permet de comprendre pourquoi, loin de se
défendre de ce prétendu instinct maternel, elles
l'ont si souvent revendiqué et cautionné). Drapées
dans leur instinct maternel, elles se voient accorder
le droit d'être exclusives, oppressives et marâtres
autant qu'il leur convient. Enfin, un petit domaine
à elles, et rien qu'à elles, où assouvir leur rancœur.
L'instinct maternel leur confère enfin quelque part
l'équivalent d'un juste droit (l'instinct maternel
ne pouvant aller que dans le sens du bien des
enfants) : droit de faire la loi à ses enfants. Ne
comptons pas sur les femmes adeptes de l'instinct
maternel pour venir nous parler de jouissance;
ça entamerait le sens et la portée de leur petit
pouvoir.

ASSEZ. Tout le monde jouit de l'enfant, de *tous*
les enfants. Si on privilégie les siens, ce n'est pas
qu'ici la jouissance, dont on ne fait nul cas, serait
plus grande; c'est dans l'excitation du pouvoir

qu'on a sur eux, par orgueil et vanité. C'est affaire de famille et de loi du patron-flic-papa-maman.

Les hommes passent leur temps à courir après de phantasmatiques jouissances, dont ils ne boivent jamais la moindre sève.

Quand la sève est là, quand elle ruisselle de lumière et de joie, ils ferment les mains et détournent leur regard.

Plus la jouissance est simple (manger, boire, uriner, déféquer, toucher, entendre, ou même être là) et moins elle vous parle. Plus la jouissance est fulgurante, indubitable (l'orgasme), plus vous l'empoisonnez d'interdits, de malédictions. Mais plus la jouissance est rieuse, désintéressée, hors du projet, de l'entreprise, de la conquête et du faire, et plus vous la couvrez de votre immense dédain.

Alors, quand je pense que c'est vous qui avez aussi gravement insulté la jouissance, qui vous êtes si bien appliqués à la réduire, à la pervertir, à l'interdire, quand je pense que c'est vous qui prétendez également me dire ce qui est bel et bon, je me sens gagnée d'une suspicion sans bornes à l'égard de tous vos jugements.

Chaque fois que vous faites des mines dégoûtées, haineuses (des mines si convaincantes que j'ai longtemps cru qu'il y avait en effet des choses qui en elles-mêmes étaient dégoûtantes ou haïssables, la vieillesse et la mort en particulier), je me dis attention, si ça le dégoûte, si ça le terrorise, s'il hait, c'est que ça ne s'arrange pas avec

le regard qu'il porte sur toute chose. Et le regard
d'un être qui se détourne aussi violemment de la
jouissance de vivre ne saurait plus m'enseigner
en rien.

C'est tout ce que nous pensons, c'est l'ensemble
de nos attitudes, appétits, dégoûts, répulsions et
horreurs, que nous devons prendre à bras-le-corps
et interroger, aussi loin qu'il nous sera possible
de le faire...

Vous dites que tout est politique (donc contin-
gent, expression de rapports de forces et justifica-
tion de la force triomphante) mais vous n'en croyez
rien. Vous faites toujours comme si un certain
nombre de choses, et pas des moindres, celles qui
nous appartiennent le plus intimement, allaient
de soi, et ne méritaient pas d'être remises en cause :
les douleurs de l'enfantement, le dégoût des règles,
la bassesse des tâches ménagères, mais aussi l'ennui
d'une vie sans « projet », sans responsabilités, l'in-
digence d'une vie sans pouvoir, sans œuvre, mais
encore les calamités naturelles de la vieillesse, la
monstruosité de la mort...

La vieillesse vous fait horreur qui laisse en vie
donc apte à la jouissance, mais écarte du pouvoir. Vous dites que le vieillard à qui est arrachée
la dimension de l'entreprise est la vivante incar-
nation du malheur de vivre.

Les vieillards sont malheureux? Bien sûr qu'ils
sont malheureux quand on les a convaincus une
vie durant que seul le pouvoir et sa conquête

avaient du prix. Les vieillardes sont souvent grincheuses et revendicatrices, mais jamais elles n'atteignent ce paroxysme de pathétique désespoir qui envahit certains vieillards, ceux qui leur vie durant furent les plus conquérants, puissants, entreprenants. Bien sûr encore, que les vieillards sont malheureux quand nous ne voyons en eux que l'image haïe de ce que nous serons quand l'exercice de tout pouvoir sur le monde, sur les êtres, nous sera refusé.

Oui, les vieillards sont malheureux, affreusement malheureux de toute la haine que nous portons à la vieillesse.

Et ces vieillards qui nous font horreur, et qui par ailleurs ne sont plus bons à rien (entendre, bons à produire, à participer aux dynamiques projets de l'homme), on ne peut plus que les chasser, loin, très loin, le plus loin possible; les cacher, les oublier. Les parquer tous ensemble, les exiler dans d'inaccessibles séjours. Ils ont tant besoin de compagnie, une fois qu'on les a abandonnés, et nous, de leur absence.

Certaines bonnes âmes, rongées de sourds remords dans l'exercice, le consentement unanime à de si mauvais traitements, ou saisies d'insupportables angoisses à l'image de leur sort futur, poussent de belles clameurs, font de louables efforts pour qu'on dore l'exil irréversible des vieillards : il faut leur donner plus d'argent, leur faire de belles maisons, les mieux soigner, les distraire, les distraire surtout. Mais ni la pitié ni la généreuse solidarité envers le vieillard ne portent atteinte à la racine de tous les malheurs dont nous l'accablons, et qui n'est autre que la répulsion qu'il nous inspire.

Et si les vieillards, revenus des valeurs trompeuses de leur maturité qui les ont perpétuellement distraits de l'essentiel, entrevoyaient soudain la jouissance nue, entière de vivre?

Vous condamnez impérieusement le vieillard au malheur. Ne savez-vous pas que rien n'est plus facile à donner que de la joie à un vieillard, que nul n'est plus apte, si ce n'est peut-être l'enfant, à accueillir la jouissance que le vieillard? Donnez-leur des baisers, donnez-leur des enfants, donnez-leur des histoires, confiez-leur de petites tâches, demandez leur parole, mettez une main dans la leur, proposez-leur le rire, et vous verrez comme ils sont généreux à vivre, empressés à donner en retour, à aimer, à faire rire, à susciter la fête...

J'aime délicieusement les vieillards, revenus de la vanité du désir, les vieillards offerts à la vie.

Ils ne demandent plus grand-chose, les vieillards; ils demandent le meilleur.

Ils demandent le pain, le lit, le soleil et les arbres, et ils demandent d'être parmi les autres, les adultes et les adolescents, les femmes et les hommes, les enfants et les bébés; tous les autres. Ils ne demandent qu'à vivre, à vivre ensemble, à vivre avec. Ils ne demandent que la jouissance nue du vivre.

Mais le cynique pourrait insister et me dire, qu'importe ce qu'il veut, moi je ne le veux plus : il me nuit et n'est bon à rien. D'abord, il ne te nuit que parce qu'il te fait horreur. Et si tu ne veux plus qu'il te fasse horreur, c'est à toi qu'il faut t'en prendre et non à lui. Ensuite, tu mens, comme toujours, parce que cela t'arrange. Le vieillard est *bon*.

Le vieillard est bon à la communauté vivante. Il est bon à faire lentement ce qui ne peut se faire vite. Il est bon à aimer mieux que tout autre les enfants, à les faire rire, à les faire jouer, à les enchanter des rumeurs de vie passée et de temps lointains. Il est bon à transmettre la sève profonde de ce qui demeure, le poids des choses qui durent, le cycle des saisons, la chair intime des vies nouées à d'autres vies, le goût de la terre et des tâches quotidiennes, l'odeur proche du bonheur.

Qui pense à dire qu'une société d'où les vieillards sont bannis n'est plus une société, une communauté vivante, mais une caserne, une usine, une prison, un enfer?

Je crois savoir à quel point nous manquons aux vieillards, mais je suis certaine que c'est à vous, à moi, et surtout aux enfants qu'ils manquent le plus.

Neuf fois sur dix, quand j'ouvre un livre sur une lointaine peuplade, j'y apprends que les vieillards sont là, au cœur de la communauté, taquinés et taquins, entourés d'enfants, chargés de précises tâches, j'apprends qu'ils sont là... Et je suis prise d'une nostalgie dont vous n'avez pas idée...

J'ouvre un livre sur la Chine, et j'y vois des photos de petits vieux tout plissés qui rigolent

avec des enfants, et leur apprennent ces choses que
seuls les vieux qui ont du réel loisir peuvent leur
apprendre, s'habiller, tenir un crayon, parler, faire
la vaisselle, ramasser des fruits... Je reste confondue, émerveillée... Et je n'ai pas besoin de lire le
président Mao pour soudain me prendre à follement
espérer que tout est peut-être encore possible.

Alors je me tourne du côté de ces petites communautés, rompant avec le mode de vie hideux
du plus grand nombre, qui se sont créées et se
créent toujours à travers le monde, et je demande :
laquelle d'entre elles a accueilli, voulu, cherché les
adultes déclinants autant que les verts jouven-
ceaux? Les vieillards autant que la pâte fraîche
et modelable au gré de chacun des enfants?

Ça, des communautés? Mais où sont les vieux?
Rejetés, exclus, vomis, comme ailleurs. Et pour
l'enfant, une société mensongère sans vieillesse et
sans mort.

C'est tout petit que l'enfant se doit de prendre
la mort en horreur, et de haïr les vieillards.

On lui cache les morts, dont il n'a pas peur, mais
que les adultes redoutent. On ne répond jamais à
ses questions que de façon détournée, et le plus
souvent trompeuse. Ce qu'on ne lui montre jamais,
ce qu'on ne lui dit jamais, ne peut être que le plus
terrible, le plus horrible. Pour la vie entière il
devra inscrire cette horreur dans sa chair, et jusqu'à l'ultime moment s'en souvenir...

Tout de même, dites-vous, infliger aux enfants

le spectacle des morts? Et moi je vous demande, qu'y a-t-il de si terrible dans un mort qu'un enfant ne puisse voir?

Nietzsche dit : « Ils ne peuvent voir un cadavre sans s'écrier, la vie est réfutée! »

Et ce n'est pas l'enfant qui pousse ce cri stupide, c'est vous...

Pourtant... les souffrances de l'agonie... insistez-vous. Vous m'assurez que les mourants souffrent de très grandes douleurs. Mais moi je vous demande, que sont ces douleurs? Qu'est-ce qui les provoque? Qui leur a appris la certitude, la nécessité, l'horreur de ces douleurs, qui leur a inoculé le mal? Qui force ces corps affaiblis, enclins au détachement, qui les force à souffrir?

J'ai tant appris en accouchant de ma propre initiative, et en me gardant de ce que vous m'aviez dit, que je suis portée à une impitoyable méfiance, surtout en ce qui concerne les choses de la douleur, surtout quand ça s'arrange si bien avec les idées que vous vous faites, et que vous répandez, de la vie...

Vous y tenez tellement, à votre petit moi, à son petit pouvoir, vous ne tenez tellement qu'à ça, qu'on comprend bien que la mort ne saurait être pour vous une partie de plaisir...

Vous dites, vous avez toujours dit et répété : les vieillards retombent en enfance. Mais rien, ni dans votre pensée, ni dans votre cœur, ni dans vos actes, n'a jamais rien compris à cette expression-là. C'est peut-être que d'emblée vous convertissez en condamnation ce que vous aviez juste-

ment constaté. Vous dites ils *retombent*. Entendre
que l'enfance est basse, la maturité haute, et que
le mouvement qui ramène à l'enfance correspond
à une chute. Et vous auriez pu dire que le vieillard,
sinon remonte en enfance, du moins la rejoint...

C'est vrai que les vieillards se désintéressent
et se détournent du sérieux des adultes, c'est vrai
qu'ils n'ont presque plus faim que de bonbons
et de baisers, et c'est vrai qu'ils finissent comme
ils ont commencé, la main happeuse, et serrant
jusqu'à la limite des forces possibles la main qui
a bien voulu se tendre, c'est vrai qu'ils finissent
comme ils ont commencé, en faisant dans leurs
couches, et regagnent la même nuit immense qui
les avait portés jusqu'au jour. Et alors? Pourquoi
une chute, là où il ne s'agit que du cycle de notre
plus profond secret?

Écoutez ce qu'ils disent quand « leur tête s'en
va » comme vous dites, et qu'ils ne savent plus,
ou ne veulent plus, jouer le personnage qu'ils
furent sur la scène des autres... Dédaigneux du
personnage qu'ils furent, renonçant à reconnaître,
à identifier les personnages alentour qui leur font
des signes sophistiqués et dérisoires, écoutez remonter dans leur bouche les paroles sourdes de la
plus lointaine enfance, paroles de rire et paroles
d'angoisse, paroles jamais proférées de ce chaos
originel en nous porté, tu, étouffé la vie durant,
parfois appréhendé, et aussi vite trahi, refoulé,
chaos tangible dans le magma mouvant des rêves,
dans la transe frêle des odeurs retrouvées, des
craintes renouées, paroles jamais formées de cette

chose que l'on connaît pourtant plus intimement qu'aucune autre, cette chose épaisse, anxieuse, émerveillée, nocturne, épaisse surtout, profonde, et qui s'appelle soi, comme on fut soi vivant et envahi, dès l'irrepérable origine jusqu'à l'ultime présence.

Mais vous voulez toujours que l'essentiel, l'important, et ce qui est bon, soit ailleurs, dans ce dont vous êtes convenus, par-dessus et contre ce dont je parle et qui est notre fusion, confusion la plus intime à la vie, terreau originaire de la jouissance.

Rien, ni personne, ni surtout aucun mourant ne pourra m'empêcher d'envisager l'agonie peut-être comme l'expérience essentielle, cosmique, illuminée, d'une infinie douceur de la vie...

Vous me dites, pleins d'amertume ricanante, qu'est-ce qu'une expérience dont on ne peut profiter, à quoi bon vraiment cette connaissance dont je ne pourrai rien tirer puisque je ne serai plus là...

Mais c'est vous toujours qui ne pensez qu'au profit, à ce qu'on gagne pour plus tard, pour après. C'est vous qui pensez que les choses ne sont bonnes que dans ce qu'elles vous permettent d'entreprendre; jamais là, toujours ailleurs, parfois en arrière, le plus souvent en avant. Profit, entreprise, projet, désir; *jamais là*, où seulement il se passe quelque chose.

Oui, je dis que l'agonie elle-même peut être bonne. Car ce n'est pas à vous, qui avez objecté contre la vie elle-même et l'avez couverte d'abjection, d'apprécier la mort.

Votre idée du bonheur, c'est toujours celle du divertissement; vous détourner de la vie que vous abominez. Vous ne pouvez vous divertir que par la conquête, le pouvoir, et les morbides jouissances de vos chimères. Ce faisant, vous asservissez, étouffez, tuez, violez tout ce qui vit.

A seule fin de vous divertir, vous arrachez les racines mêmes du bonheur à ceux qui ne demandent qu'à être là, et à en jouir. Pour votre plus grand divertissement, les hommes meurent, les hommes triment comme des bêtes enchaînées, ne peuvent plus ni manger à leur modeste faim, ni faire l'amour sans menaces, ni rire de leurs enfants, ni mourir dans la grâce d'avoir vécu.

Et votre divertissement explose parfois dans le plus sinistre des rires, et qui n'est plus un rire mais seulement son image grimaçante : vous appelez cela la Fête...

Votre cri vers la Fête, faisons la Fête, la Fête, la Fête, dit tout, sauf : jouissons de vivre et d'être ensemble. Votre cri vers la fête est un appel au meurtre, au suicide collectif. Enfin, dit votre cri, finissons-en avec la vie, et jouissons délicieusement de son exécution.

Il suffit, pour le savoir, d'entendre en quels termes vous annoncez le programme de vos fêtes : brûler, flamber, partir, flipper, se défoncer, larguer les voiles, et encore griller, brûler, flamber... Si j'insiste, vous ajoutez, jouir... Oui, c'est ça, il faut jouir, il faut baiser, précisez-vous, baiser,

baiser, et encore BAISER... Tous s'emmêler les uns aux autres. Avec les bossus, les tordus, les débiles? Pourquoi pas, me répondez-vous d'un air crâne. Avec les vieillards sans dents, ridés et cacochymes? Avec les goutteux et les rhumatisants, les hideux et les paralytiques? Oui, je vous provoque jusqu'à ce que vous explosiez de toute votre impitoyable brutalité... Oh, et puis merde, criez-vous, ceux qui ne sont pas bons à baiser, à être baisés, n'ont qu'à s'écraser, et à foutre la paix à ceux qui sont doués pour ça, les fanatiques du divertissement, tous les mignons et les mignonnes de la terre.

Quand vous dites, baiser, moi j'entends, se noyer. Et tout emporter dans le raz de marée de l'impuissance à vivre.

Je sais ce que vous voulez dire par baiser, et vous le dites d'ailleurs sans que j'aie à vous tirer les vers du nez, baiser, vous faire baiser, c'est pareil; enculer, vous faire enculer, la même chose. On n'en sort pas. Vous voulez la défonce, la totale défonce, le nihilisme le plus répugnant, la jouissance de l'ultime déchéance, l'abandon de soi le plus servile, et les spasmes juteux d'une agonie raffinée et subtile.

Vous ne contestez rien, vous les délirants de la Fête. Vous jouez avec le pus de l'humanité. Vous pressez ses abcès. A vrai dire, vous la soulagez. Votre Fête soulage les semeurs de haine et de destruction. Le bourgeois peut réajuster sa cravate, le flic peut astiquer son flingue, et le politicien s'engraisser d'une justice, d'un ordre revigorés.

Le jour viendra où ils trouveront moyen de vous circonscrire, vous les furieux de la Fête, l'hospice, l'asile, les camps lointains, exils purificateurs qu'ils diront, et l'aire sera nettoyée, rajeunie, tout bien en place pour une tyrannie d'un goût nouveau, hygiénique, impitoyable. Plus de déviances. Plus de vie non plus. Et vous comme eux, vous aurez gagné.

Il n'est pas temps de faire la Fête. Il n'est pas temps non plus de rejoindre nos provinces, de cultiver notre petit jardin, notre petit moi élargi aux miroirs complaisants de nos amis, de nos enfants. La commune est un faux bonheur tant que la vie est étouffée ailleurs. Et les rires y sont déplacés et mesquins. La commune est un bonheur que nous ne méritons pas. Et si c'est la fin ultime que nous pouvons proposer à nos luttes, cela ne saurait être la récompense de nos lâchetés, et de notre consentement servile au malheur.

Le monde est beau, le corps est bon, l'enfant est exquis et le vieillard est chaud, grâce du temps et soleil incliné. Ce qui nous est refusé, c'est si peu et c'est tout, le pain blond et l'eau fraîche de la vie.

Il n'est pas temps encore de jouir jusqu'aux limites de nous-mêmes. Il est temps de savoir combien la jouissance manque, et jusqu'où la vie a été bafouée. Il est temps d'être dur, et de lutter pour que la vie advienne, et sa seule jouissance.

Nous devons vouloir ce qu'il y a de plus difficile,

non parce que c'est difficile, mais parce que c'est jouir, jouir de voir et jouir d'entendre, jouir de l'enfant et jouir du vieillard, jouir de nos corps confondus, jouir de l'aube et jouir du crépuscule, et que c'est ce dont sont le plus privés les hommes de la terre empoisonnée, de la terre malheureuse.

Car c'est bien la vie, et la jouissance d'elle seule, que devront porter les vraies révolutions.

Mais sans les femmes, et l'éveil de leur conscience avilie, les vraies révolutions s'épuiseront, et la terre redeviendra celle de l'homme fort, puissant et triomphant; de l'homme semeur de progrès, d'oppression et de détresse.

Plus l'attention se fait rigoureuse, profonde, plus il apparaît que c'est précisément ce dont les femmes ont été le plus intimement privées (sans doute parce qu'elles étaient particulièrement douées pour ça) : la jouissance de vivre, qui devra être retrouvé, inventé, rendu; et pas seulement à elles, mais à la terre entière, hommes, enfants, adolescents, vieillards.

Il est fini le temps des femmes toujours à la traîne des révolutions-circonvolutions de l'homme en lutte contre lui-même.

De la vraie révolution à venir, elles seront le cœur, ou comme on dit le foyer, lumière et chaleur et vie promulguée.

Un jour peut-être, ce sera la Fête.

Nous serons ensemble et confondus. Les taquineries, les caresses et les rires feront la ronde des vieillards aux enfants, des enfants aux adultes, des filles aux garçons, et de tous à tous. Les bouches fraîches baiseront les joues fanées. Les bras rhumatisants et lourds entoureront les vigoureuses épaules.

Et nous partagerons les fruits, le lait de nos labeurs.

Un jour peut-être nous inventerons ce que nous avons mis tant d'acharnement à empêcher; le plus simple, le plus vrai, le meilleur, le plus fou et le plus sage : l'harmonie de nos rires.

CET OUVRAGE A ÉTÉ COMPOSÉ ET ACHEVÉ D'IMPRIMER
PAR L'IMPRIMERIE FLOCH À MAYENNE (FRANCE)
EN OCTOBRE 1986

PREMIÈRE ÉDITION : DÉPÔT LÉGAL AVRIL 1974
NOUVELLE ÉDITION : DÉPÔT LÉGAL OCTOBRE 1986
NUMÉRO D'IMPRESSION : 24750
NUMÉRO D'ÉDITION : 7136

ISBN 2-246-00077-7